LA PUISSANCE
DU NÉANT

ŒUVRES D'ALEXANDRA DAVID-NEEL

DANS PRESSES POCKET :

MYSTIQUES ET MAGICIENS DU TIBET
LA PUISSANCE DU NÉANT
LE LAMA AUX CINQ SAGESSES
VOYAGE D'UNE PARISIENNE À LHASSA
LE SORTILÈGE DU MYSTÈRE

ALEXANDRA DAVID-NEEL
LAMA YONDGEN

LA PUISSANCE DU NÉANT

roman tibétain

PLON

La loi du 11 mars 1957 n'autorisant, aux termes des alinéas 2 et 3 de l'article 41, d'une part, que les « copies ou reproductions strictement réservées à l'usage privé du copiste et non destinées à une utilisation collective » et, d'autre part, que les analyses et les courtes citations dans un but d'exemple et d'illustration, « toute représentation ou reproduction intégrale ou partielle, faite sans le consentement de l'auteur ou de ses ayants droit ou ayants cause, est illicite » (alinéa premier de l'article 40).

Cette représentation ou reproduction, par quelque procédé que ce soit, constituerait donc une contrefaçon sanctionnée par les articles 425 et suivants du Code pénal.

© Librairie Plon, 1954 et 1978 pour la présente édition
ISBN 2-266-01071-9

Ils surgissent dans l'esprit.
Et dans l'esprit ils s'englou-
tissent.

MILARESPA.

CHAPITRE PREMIER

A travers l'immensité vide des Tchang thangs [1] un homme seul, chargé d'un sac, s'avance à pas précipités. La nuit vient. Autour du voyageur l'ombre se fait plus insistante, plus opaque, l'enserre insidieusement, avec une sorte de persistance agressive. Les rocs isolés, les éperons des montagnes affectent des formes insolites, inquiétantes; tapis dans les herbages, les yeux glauques des lacs [2] épient le sortilège nocturne. C'est l'heure où les cohortes des Esprits malfaisants sortent de leurs repaires et rôdent en quête de proies.

La peur rampe, progresse avec les ténèbres... L'homme solitaire frissonne, il s'est trop attardé... Haletant, il presse davantage sa marche.

* ***
*

Loin de là un cavalier galope à bride abattue, en proie à une terreur affolante dont la force supérieure le rend insensible à l'effroi que distillent les solitudes enténébrées.

Fantoches, tous deux, que des fils mystérieux font s'agiter sur la haute scène du Tibet septentrional.

* ***
*

1. Les solitudes herbeuses du Tibet septentrional.
2. D'après le folklore tibétain ces lacs sont les « yeux » par lesquels des êtres appartenant à des mondes souterrains épient ce qui se passe dans le nôtre.

Cependant l'homme au sac avait atteint son but : le pied d'une pente vers le milieu de laquelle une caverne encastrée dans le roc de la montagne avait été sommairement aménagée pour servir d'ermitage [1].

Cet ermitage était celui d'un *gourou* [2] dont Munpa Dés-song [3] recevait l'enseignement spirituel en commun avec quelques autres disciples. Mais, tandis que, par une faveur spéciale, il lui était permis de vivre auprès de l'anachorète pour le servir, ses condisciples devaient se contenter de brefs séjours dans son voisinage pendant les périodes d'instruction, fixées à son gré, auxquelles il les convoquait.

C'est ainsi qu'en sa qualité de disciple-serviteur, Munpa Dés-song avait parcouru les campements y recueillant les dons de provisions que les pasteurs offraient libéralement pour la subsistance du *gömpchén* [4].

La vénération témoignée à celui-ci venait de ce qu'il était tenu pour le descendant spirituel d'une longue lignée de Maîtres doctes en sciences secrètes, qui, tous, à mesure qu'ils se succédaient, adoptaient le nom de leur glorieux ancêtre : Gyalwai Odzér [5] dont l'esprit croyait-on, continuait en eux, sa vie et ses œuvres.

Une légende fantastique était attachée à la mémoire de ce premier des Gyalwai Odzér.

Cette légende, considérée comme la narration de faits absolument authentiques, n'avait pas d'âge car nul, parmi les pasteurs du Tso Nieunpo [6] n'aurait pu, même de la manière la plus vague, assigner une date à son origine.

Si connue était-elle qu'on se dispensait de la raconter. Tous la savaient depuis leur enfance. Elle avait pris la forme d'un dogme auquel on adhère avec une foi passive et

---

1. Ces ermitages sont appelés *riteuds* (rikhrod).
2. *Gourou* est un terme sanscrit qui a été adopté dans la langue tibétaine, il désigne un Maître et guide spirituel.
3. Munpa Dés-song : « passé par-delà les ténèbres », compris dans un sens religieux, comme « étant spirituellement éclairé ».
4. *Gömpchén* (sgom chén), littéralement : « grand contemplatif ». Titre usuel des ermites tibétains.
5. Gyalwai Odzér (Rgyal bai hodzer) : « victorieux rayon de lumière ».
6. *Tso nieunpo* (mtso sgnon po) : le « lac Bleu » qui figure sur les cartes sous le nom mongol : *Koukou-nor*. Toute la région est appelée d'après le nom du lac. Les Chinois l'appellent *Ching hai* : « la mer verte ».

inébranlable sans jamais s'aviser d'en rechercher la provenance ou d'en discuter la vraisemblance.

Or donc, à l'époque imprécise où cette histoire nous reportait, vivait un de ces fabuleux *doubtobs* [1] dont le type atténué subsiste encore de nos jours, dans les personnes des *gömpchéns* et des *naldjorpas* [2] vénérés et craints par les bonnes gens du Tibet.

Ce *doubtob* s'appelait Gyalwai Odzér. Il avait commerce avec les déités et les démons dont il s'attirait l'appui ou qu'il subjuguait par des rites occultes.

Obéissant à sa voix les *nâgas* [3] émergeaient des lacs aux bords desquels il s'arrêtait et déposaient en hommage à ses pieds d'étranges offrandes empruntées aux trésors jalousement gardés dans les palais de cristal et d'or situés sous les eaux des grands lacs et de l'océan.

Cependant, l'esprit avide de domination qui animait la forme humaine du *doubtob,* exigeait davantage.

Un jour vint où l'un des princes des profondeurs liquides incapable de résister aux injonctions magiques qui l'attiraient, surgit du lac élevant vers Odzér ses deux mains réunies en forme de coupe et lui disant d'un ton soumis : « Prends. »

Dans le creux de ses mains reposait une grande turquoise d'un bleu céleste, extraordinairement lumineuse.

— Écoute, dit le *nâga*.

« Le *norbu gueu deud poungs djom* [4] a été donné en partage aux hôtes des mondes divins; par lui, tous les désirs sont immédiatement satisfaits.

« La possession de ce joyau est-elle un bien véritable? — Les Sages en doutent. Les dieux qui recueillent, dans les Paradis, les fruits d'actions vertueuses accomplies dans leurs existences antérieures, n'ont que rarement atteint à la Connaissance provenant d'une vue parfaitement claire de la nature intime des choses. Dès lors, leurs désirs, nés

---

1. *Doubtob,* littéralement : « un qui a réussi à obtenir du pouvoir ». Sous-entendu : des pouvoirs occultes.
2. *Naldjorpa,* littéralement : « celui qui a atteint à une sérénité parfaite » — un *yogui*.
3. *Nâga :* nom sanscrit de divinités des eaux. Leur nom tibétain est *lou* (klu) mais les Tibétains emploient couramment le terme *nâga*.
4. *Norbu dgos hdos spungs bdjom :* le joyau qui procure ce que l'on désire. Le *cintâmani* des auteurs sancrits.

d'impulsions aveugles, se portent vers les objets dont la jouissance modifie de telle façon les éléments constitutifs de leur être que des incarnations en des mondes inférieurs peuvent en résulter.

« En plus du joyau dispensateur des objets désirés, nos trésors en contiennent une multitude d'autres, chacun d'eux doué d'une vertu différente. La turquoise que je t'apporte est un fragment du *norbu rimpotché* [1], la gemme infiniment précieuse qui confère le privilège de la vue pénétrante permettant de sonder la substance de toutes choses et de découvrir les lois qui les dirigent. Possédant une telle connaissance ton pouvoir sera illimité.

« Regarde cette turquoise qui vient d'émerger avec moi de l'Empire des eaux. Elle est toute pénétrée d'une énergie occulte. Pour la première fois la lumière du jour terrestre s'est posée sur elle; que ce soit, aussi, la dernière.

« A l'avenir, nul ne devra ni la voir, ni la toucher. Tu l'enfermeras dans un reliquaire, lui-même enveloppé d'étoffe épaisse étroitement cousue autour de lui.

« Lorsque tu émigreras vers un autre monde [2] tu légueras le reliquaire au plus digne de tes disciples qui, sans l'ouvrir, le léguera, à son tour, au plus digne des siens. Ainsi, tout au long de ta lignée spirituelle qui se perpétuera pendant longtemps, tes successeurs porteront, comme tu vas le faire, le prestigieux talisman caché sous leur vêtement monastique. »

Ayant dit, le *nâga* s'était replongé dans les eaux azurées du grand lac et Gyalwai Odzér, demeuré seul et tenant la turquoise dans sa main, avait regagné son ermitage.

Là, il avait enveloppé la gemme-talisman dans une pièce de soie et gardée ainsi jusqu'au jour où, ayant fait fabriquer un petit reliquaire en argent, il l'y avait scellée.

Ensuite, le pouvoir surnaturel de Gyalwai Odzér s'était considérablement accru.

Il suffisait qu'il le voulût et les rocs se transportaient d'un endroit à un autre, les montagnes changeaient de forme, les rivières abandonnaient leurs lits pour s'en frayer

---

1. *Norbu rimpotché* : le très excellent joyau. Les Tibétains mentionnent nombre de joyaux magiques. Entre autres celui qui accroît la prospérité : *norbu sam pél* (norbu bsam hpel).
2. Lorsque tu mourras.

de nouveaux ou bien l'on voyait leurs eaux remonter soudainement vers leur source.

Des prodiges analogues et bien d'autres encore avaient été accomplis par les successeurs les plus immédiats du premier Gyalwai Odzér. Chez ceux qui les suivirent, les hauts faits devinrent plus rares, moins spectaculaires. Les détails de la légende se dissolvaient peu à peu dans une brume d'incertitude... Cela était si lointain.

Pourtant, la lignée spirituelle du grand thaumaturge subsistait toujours et la foi en la présence efficace de la turquoise-talisman que les successeurs de Gyalwai Odzér portaient sur eux demeurait entière, bien que nul ne l'eût jamais vue et qu'elle ne manifestât son existence d'aucune manière tangible.

Dans la région du grand lac Bleu le cours des choses se poursuivait pareil à ce qu'il avait toujours été. Les saisons se succédaient, favorables ou adverses, amenant la pluie nécessaire à la fertilité des alpages ou la leur refusant. Les troupeaux prospéraient, ou des épidémies les décimaient. Dans les tentes noires des enfants naissaient, la maladie en frappait certains; la mort emportait des vieillards qui l'attendaient et des hommes jeunes qui s'insurgeaient et luttaient contre elle...

Est-il besoin de voir les dieux à l'œuvre pour croire en eux?... La foi est un don. Les naturels des Tchang thangs le possédaient amplement.

Ayant gravi le raidillon, Munpa Dés-song s'arrêta au bout de la montée, devant la porte de l'ermitage. Celle-ci bâillait, entrouverte; il s'en étonna légèrement; cependant son Maître sortait, parfois, pendant la nuit, pour célébrer certains rites dont nul ne devait être témoin; il pouvait être dehors. Munpa poussa la porte et entra.

L'obscurité régnait, presque complète, dans la demeure exiguë du *gömpchén*. Toutefois l'on distinguait vaguement sa haute forme angulaire appuyée contre le dossier du siège de méditation [1].

---

1. *Gamti* (sgam khri), littéralement : caisse-siège. C'est en effet une sorte de caisse sans couvercle dont trois des côtés sont bas et un est haut, servant de dossier. Le fond de cette « caisse » peu profonde est garni de coussins. Sur ceux-ci le *lama* ou le *gömpchén* s'assoit les jambes croisées. Les rebords de la caisse empêchent d'étendre celles-ci. L'on

Le Maître est plongé dans une profonde *tingnédzine* [1], pensa Munpa. Il avait été assez souvent témoin de cet état de profonde concentration d'esprit pendant lequel, pour de longues périodes de temps, Odzér devenait insensible à tout contact extérieur. Évitant de faire du bruit, il se prosterna devant l'anachorète, rangea son sac à l'entrée de l'ermitage et s'assit les jambes croisées, en posture de méditation, s'efforçant de diriger ses pensées vers les sommets sur lesquels planait l'esprit de son Maître immobile.

Au-dehors le silence régnait parmi les vastes solitudes enroulées dans leur manteau de ténèbres. Une paix indicible enveloppait la terre impassible, souverainement indifférente à l'agitation des êtres issus d'elle qui, après quelques gestes vains, retournent se dissoudre en elle.

Un loup hurla au loin... Rien ne bougeait dans l'ermitage.

L'aube vint, l'aube claire et juvénile du Tibet. Elle se glissa par les interstices de la porte en vieux bois fendillé et mal joint, effleura le front du disciple, le tirant de sa contemplation, s'avança dans l'étroit ermitage, glissant le long de ses murs rugueux de roc nu et se posa sur la forme roide du *gömpchén*.

Munpa avait levé les yeux vers lui. Il vit le *zen* [2] déroulé, traînant sur le bord du siège de méditation, découvrant la veste d'Odzér et ses bras nus. Ce désordre insolite l'emplit d'un subit effroi. D'un bond il fut debout près de son Maître.

La face du vieil ermite était livide, ses yeux fixes, démesurément ouverts; un filet de sang, déjà séché, avait coulé de sa tempe sur sa joue et formait une trace brunâtre

---

s'assoit sur ces sièges pendant les périodes consacrées à la méditation. Un certain nombre d'ermites contemplatifs dorment aussi dans ces caisses-sièges sans jamais s'étendre, se contentant de s'appuyer contre le dossier du siège qui est toujours plus haut que leur tête.

1. *Tingnédzine* (ting gné hdzin), littéralement : « saisir la profondeur » c'est-à-dire atteindre à une connaissance complète de la nature réelle des choses perçues sous les apparences qu'elles présentent.
2. *Zen* (gzan); un très long et large châle formant toge dans lequel les religieux bouddhistes se drapent. C'est le vêtement monastique essentiel. Chez les bouddhistes des pays du sud et au Tibet, les religieux le portent continuellement. En Chine et au Japon où il est de forme moins ample, les religieux ne le revêtent que pour méditer ou pour célébrer les offices.

à l'encolure de son gilet. Sur celui-ci pendait l'extrémité d'un cordon, effiloché pour avoir été violemment rompu.

Muet d'épouvante, ayant peine à comprendre ce qu'il voyait, Munpa demeura un instant comme cloué au sol, le regard attaché au *gömpchén,* puis, soudain il s'affaissa au pied du siège de méditation. Son Maître vénéré avait été assassiné!

Munpa demeura longtemps immobile, l'esprit vide de toute pensée, hébété, anéanti. Puis, graduellement, le raisonnement se réveilla en lui.

Gyalwai Odzér assassiné!... Comment cela pouvait-il être possible?... Ne possédait-il pas des pouvoirs suprahumains, ne commandait-il pas aux démons, aux dieux, à tous les êtres, à toutes les choses... Comment avait-on pu le tuer?...

Qui était l'assassin? — Aucun des pasteurs du voisinage, certainement. Peut-être l'un où l'autre de ces soldats musulmans chinois dont les détachements patrouillent dans les Tchang thangs. Comment avaient-ils été amenés à l'ermitage? Dans quel but y étaient-ils venus? — Pour voler?... Odzér ne possédait que des livres religieux, les trois lampes de cuivre qu'il allumait chaque soir devant l'image de son dieu tutélaire et... la turquoise magique...

Ah! ce bout de cordon rompu! C'était celui auquel le reliquaire était suspendu... Le reliquaire...

Munpa s'était redressé, il passa la main sous la veste de l'ermite puis dans les replis du *zen* déroulé. Il chercha autour du corps sur le siège de méditation... Rien. Le reliquaire n'était plus là.

Le vol, tel avait donc été le mobile du crime. En rôdant à travers les campements, les assassins avaient dû entendre les pasteurs parler de l'antique et précieuse turquoise et avaient formé le projet de s'en emparer.

Mais comment *elle,* la miraculeuse, la toute-puissante qui opérait des prodiges, leur avait-elle permis de la saisir, de l'emporter? Pourquoi ne les avait-elle pas foudroyés pour protéger celui qui la gardait sur lui, son légitime possesseur, le descendant en ligne directe du grand premier Gyalwai Odzér, à qui un *nâga* l'avait donnée.

Tout cela ne pouvait être que fantasmagorie, œuvre d'un

démon. Ou, plutôt, son Maître avait voulu l'éprouver par une illusion qui allait se dissiper. Gyalwai Odzér sortirait de sa méditation, il n'y aurait pas de sang sur sa joue, le reliquaire reposerait sur sa poitrine et le vieil ermite lui sourirait un peu ironiquement.

Munpa Dés-song se prosterna de nouveau devant le siège du *gömpchén* puis se releva... Son Maître n'avait pas bougé. Il revit les traces du sang séché sur la joue du vieillard, le *zen* traînant sur le bord du siège, le bout du cordon rompu pendant sur la veste de soie jaune.

Pourtant il doutait encore, malgré l'évidence des preuves qu'il contemplait. Machinalement, par un geste coutumier de profond respect, il s'inclina et du bout des doigts toucha les pieds de son Maître. Près de ceux-ci, sa main rencontra un objet dur dont il se saisit inconsciemment. Redressé, il regarda la chose serrée dans sa main. C'était une tabatière en bois, très commune, comme les Tibétains pauvres en portent dans leur *ambag*[1]. Elle ne pouvait pas appartenir à Odzér, qui ne prisait pas.

Pour l'examiner au jour, Munpa alla vers la porte et l'ouvrit. Un cri de stupéfaction et d'horreur lui échappa. Il venait de reconnaître la tabatière : c'était celle de son codisciple Lobzang. Il l'avait vue dans ses mains et s'était moqué de lui qui, tentant de l'orner en y sculptant une fleur, n'avait réussi qu'à produire des entailles informes.

Tous les doutes se trouvèrent subitement balayés dans l'esprit de Munpa. Le motif du crime était évident et l'assassin avait signé son forfait. Tandis qu'il se penchait pour saisir le reliquaire et rompre le cordon qui le retenait, la tabatière avait glissé hors de son *ambag* et était tombée.

Il fallait, maintenant, rejoindre sans tarder le disciple félon, lui reprendre le reliquaire, le convaincre de son crime

---

1. Les Tibétains portent des robes longues et très amples qu'ils serrent à la taille avec une large et épaisse ceinture enroulée plusieurs fois autour du corps. La robe soulevée et retenue par la ceinture forme une poche sur la poitrine. Cette poche est appelée *ambag*. Les vêtements des Tibétains ne comprennent pas d'autre poche. C'est dans l'*ambag* qu'ils mettent tout ce qu'ils veulent conserver sur eux. L'*ambag* prend souvent les proportions d'un véritable sac, du moins chez les gens du peuple. Les Tibétains appartenant aux classes sociales supérieures s'habillent à la mode mongole avec des robes relativement étroites.

devant les *dokpas* et confier à ceux-ci le soin de l'en punir.

Rejoindre Lobzang ne paraissait pas difficile. Il vivait généralement avec les siens sur le territoire de la tribu à laquelle ils appartenaient, dont les pâturages s'étendaient le long du fleuve Jaune dans la direction de l'Amné Matchén. Munpa savait que le trajet ne lui demanderait pas longtemps, mais il devait auparavant rendre les derniers devoirs à son Maître. Comment ?...

Pour incinérer le corps, il fallait du bois. Il n'y avait pas d'arbres dans les Tchang thangs, l'aide de plusieurs hommes était indispensable pour en couper au loin et pour le transporter. Pour donner le corps en suprême aumône aux vautours, il fallait d'abord le dépecer, puis, les os étant dénudés, la coutume voulait qu'on le pilât et que, leur poudre ayant été mélangée à de la terre et formée en *tsa-tsas,* ceux-ci fussent préservés dans un lieu pur. Toutes ces choses prenaient du temps et ne pouvaient pas être accomplies par un homme seul. Or il devait se hâter de partir et il était seul.

Munpa se décida : les rites funèbres seraient célébrés à son retour. Lorsqu'il aurait retrouvé Lobzang et l'aurait remis aux mains des *dokpas,* il convoquerait des *lamas* et les restes de Gyalwai Odzér seraient honorés comme il convenait.

Munpa retourna vers le cadavre, le disposa conformément aux règles traditionnelles, les jambes croisées sur son siège, en posture de méditation. Il maintint le buste droit en l'attachant au dossier à l'aide de la corde de méditation [1]. Plusieurs écharpes [2] qui pendaient près de l'autel servirent à consolider le lugubre mannequin en lui enserrant le cou et les membres. Plus d'une fois Munpa avait ainsi procédé à

---

1. *Gom thag* (sgom thag), littéralement : corde de méditation. Un large ruban ou cordon, en étoffe épaisse que l'on passe sur ses reins et devant ses genoux en étant assis les jambes croisées. Ce cordon sert de soutien, et aide à conserver le buste droit pendant le temps que dure la méditation.
2. Des *khadags* (kha btags) : une longue écharpe que l'on présente en guise de salutation aux gens à qui l'on rend respectueusement hommage. La qualité du tissu et la longueur de l'écharpe varient suivant la condition sociale de celui à qui elle est offerte et suivant les moyens de celui qui l'offre. Des écharpes sont aussi offertes par les dévots, aux statues des déités.

la toilette funèbre des défunts près desquels il devait, en compagnie d'autres moines, psalmodier les textes sacrés requis.

Ayant achevé son triste ouvrage, Munpa garnit les trois lampes d'autel de mèches neuves, fit fondre du beurre et en remplit les lampes. Dans les provisions apportées, il prit de la *tsampa*[1], quelques *kabzés*[2] et une poignée d'abricots séchés. Il versa la *tsampa* dans un bol en formant un monticule pointu, disposa les biscuits et les fruits dans de petites assiettes et aligna ces offrandes sur la table basse placée devant le siège de méditation. Entre celles-ci il plaça les trois lampes allumées.

Ces arrangements terminés, Munpa se pourvut de copieuses provisions de voyage prélevées sur les vivres qu'il avait apportés et qui étaient devenus inutiles à son Maître. Il garda aussi, sur lui, un peu d'argent que des pasteurs lui avaient remis pour être offert au *gömpchén*. Cet argent, pensa-t-il, pourrait lui être nécessaire en cours de route et il n'éprouva aucun scrupule à se l'approprier pour assurer le châtiment de l'assassin.

Se tournant de nouveau vers le corps de l'ermite, Munpa se prosterna encore longuement, puis, s'étant relevé, il chargea sur son dos le sac contenant ses provisions, franchit le seuil de l'ermitage, en referma soigneusement la porte, la cala avec une grosse pierre et s'en alla.

Dans la caverne, l'anachorète-magicien Gyalwai Odzér, dernier possesseur de la turquoise miraculeuse des *nâgas*, demeurait seul, rigide sur son siège, semblant abîmé en quelque infiniment profonde méditation. Trois lampes brûlaient devant lui.

L'après-midi touchait à sa fin, le soleil rougeoyant s'abaissait vers l'horizon, teintant les montagnes de pourpre et d'or. Dans la féerie colorée du bref crépuscule tibétain, le justicier, infime forme sombre parmi l'immensité des solitudes, partait à la poursuite du criminel.

---

1. La *tsampa* est de la farine faite avec de l'orge préalablement grillée. Les Tibétains l'humectent avec du thé, ou à défaut de thé, avec de l'eau, et en la pétrissant dans une main (jamais avec les deux mains) ils en forment des boulettes allongées dénommées *pab*. Ils mangent celles-ci en guise de pain, elles constituent leur principal aliment.
2. *Kabzés* (khazas) : une sorte de pâtisserie.

CHAPITRE II

Tandis que Munpa Dés-song, croyant le vieil anachorète absorbé dans une profonde méditation et craignant de le troubler, passait la nuit immobile, respectueusement recueilli, Lobzang, le disciple meurtrier, fuyait au galop dans les ténèbres... Il avait assassiné son Maître et la terreur l'aiguillonnait; une terreur faite moins de remords que de croyances superstitieuses. Les démons asservis par Gyalwai Odzér et commis à sa garde, devaient être à sa poursuite.

Contrairement à Munpa qui, en tant que *trapa*[1], appartenait au clergé, Lobzang était laïque.

Nombreux sont les Tibétains Laïques qui, incités par une sorte de bigoterie, sollicitent d'un *lama*, l'un ou l'autre des *lungs*.

Le terme *lung* signifie « précepte », « commandement » mais, dans le langage populaire, il a pris un autre sens.

Par *lung*, les bonnes gens du Tibet entendent une brève cérémonie qui confère à un individu le droit d'accomplir légitimement certains actes religieux particuliers. En même temps, les *lungs* sont tenus pour susciter, en ceux qui en sont les bénéficiaires, des dispositions intimes qui les rendent capables d'assimiler les bénéfices moraux ou matériels découlant de la récitation de certaines formules

---

1. *Trapa* (graw pa), littéralement : « étudiant », « élève ». C'est le nom de tous les moines lamaïstes. Correctement parlant, le terme *lama* (blama), littéralement : « excellent », « supérieur » ne s'applique qu'aux membres éminents du clergé.

ou de la lecture de certains livres appartenant aux Ecritures sacrées. Faute d'avoir reçu le *lung* approprié, ces diverses pratiques demeurent sans efficacité pour le dévot. *Lung* prend, ainsi, un vague aspect d'opération magique, de transmission de pouvoir de même nature — mais à un degré inférieur - que celle qui s'opère dans les *angkours* [1].

De même que plusieurs autres d'entre les pasteurs du Tso Nieunpo, Lobzang avait reçu de Gyalwai Odzér le *lung* de Chenrézigs et, comme il faisait montre d'une certaine intelligence, l'anachorète lui enseignait parfois quelques principes élémentaires de la doctrine bouddhiste. C'est ainsi qu'il avait été amené à demeurer de temps en temps à proximité de l'ermitage et à y rencontrer des disciples d'Odzér, dont Munpa Dés-song.

Occasionnellement, Lobzang les avait entendus mentionner la turquoise-talisman que le *gömpchén* portait sur lui. Comme tous les *dokpas* il en connaissait l'histoire que, comme tous ceux-ci, il tenait pour absolument authentique. Les bavardages de ses compagnons ne lui apprenant rien de nouveau, il n'y prêtait guère d'attention. Toutefois, sa présence toute proche conférait à la turquoise surnaturelle un caractère de réalité qu'elle n'avait pas dans les récits fantastiques écoutés sous les tentes noires des pasteurs. Tout naturellement, Lobzang se prenait parfois à penser à elle, à sa beauté exceptionnelle; et, comme en tout Tibétain gîte une âme de commerçant, l'idée de grande valeur marchande s'enchaînait d'elle-même à celle de beauté exceptionnelle. « L'âme de commerçant » comporte presque inévitablement, aussi, une certaine tendance à l'avidité, et celle-ci ne manquait pas d'être présente chez Lobzang. Certes, elle n'était pas assez puissante pour lui suggérer la pensée d'un vol et encore bien moins pour l'induire à commettre un crime pour effectuer ce vol, affrontant ainsi les cohortes de dieux et de démons que l'opinion générale attribuait comme protecteurs à Gyalwai Odzér, mais un incident tout simple, très banal dans le cadre des Tchang thangs, avait subitement transformé le

---

[1]. *Angkour* (dbang bskur), signifiant « transmission de pouvoir ». Voir à leur sujet : A. DAVID-NEEL, *Initiations lamaïques* (éd. Adyar, Paris).

rustre placide qu'avait toujours été Lobzang en une sorte de possédé.

Une fille rencontrée à la tombée du soir alors qu'elle revenait, ramenant un troupeau de moutons vers les enclos proches des tentes, avait fait jaillir en lui une soudaine et irrésistible flamme de luxure.

Dans une étreinte imprévue, à demi consentie, à demi imposée, il avait goûté la saveur de sa chair et il en demeurait imprégné jusqu'au tréfonds de ses entrailles.

Il était revenu dans les parages que fréquentait Pasangma, la pastourelle, et celle-ci avait revu avec plaisir cet amant inespéré que les dieux malicieux conduisaient vers elle, à travers les alpages solitaires. Quant à Lobzang, ces rencontres furtives ne pouvaient pas le satisfaire et la prudence exigeait même qu'il y renonçât. Pasangma avait à peine quinze ans mais elle était mariée.

Kalzang, son mari, était un *dokpa* aisé, propriétaire de troupeaux, quinquagénaire, d'humeur grincheuse et passablement brutal.

Sa première femme, Tséringma, ne lui ayant pas donné d'enfant, il en demeurait affreusement dépité et tenait sa compagne pour responsable de son désappointement sans jamais s'être avisé que la faute pouvait être sienne.

La coutume tibétaine autorise et même engage le mari, se trouvant dans ce cas, à prendre une seconde épouse. Kalzang s'en était prévalu.

Tséringma, jalouse et autoritaire, avait dû se résigner au partage, mais elle s'était adroitement arrangée, pour faire diriger les recherches de son mari vers une famille pauvre qui devait consentir aisément à livrer une fillette timide à un barbon cossu contre une compensation substantielle [1]. Elle comptait bien pouvoir, ainsi, dominer l'épouse en second et en faire une servante à ses ordres.

Ce programme avait été exécuté. Le mariage avait eu lieu avec un minimum de réjouissances qu'autorisait l'humble condition de la mariée, et dès son arrivée à la tente conjugale Pasangma s'était vue chargée de la plus lourde partie de la besogne que Tséringma accomplissait auparavant.

---

1. La somme en argent ou en nature versée aux parents de la mariée est appelée « prix de l'allaitement ». Il est supposé indemniser les parents de la jeune fille pour les dépenses que ceux-ci ont faites pour l'élever.

Kalzang n'intervenait pas. Peu lui importait. La jeune fille ne lui inspirait aucun sentiment de tendresse; elle était là simplement pour lui donner un fils. L'habileté dont Tséringma faisait preuve dans l'administration de ses affaires la rendait autrement précieuse à ses yeux.

Tséringma s'entendait à négocier à un prix avantageux la laine de la tonte saisonnière. Elle savait — mieux que lui, même — obtenir, après d'âpres marchandages, la somme maximum pour la location des bêtes servant au transport des marchandises.

Que valait devant cette femme capable une fillette faible et craintive qui ne savait que courber la tête et pleurer ? Aussi Kalzang abandonnait-il complètement Pasangma au bon plaisir de son aînée.

Entre son vieux mari qui lui répugnait et Tséringma qui la battait à la moindre maladresse qu'elle commettait, la pauvre Pasangma se désolait sans oser manifester sa tristesse, car une mine maussade ne manquait jamais de lui attirer des reproches ou des coups.

Une fois pourtant, incapable de se maîtriser, elle avait déclaré qu'elle retournerait chez ses parents.

Tséringma l'avait férocement battue tandis que Kalzang ricanait.

La colère de la petite sombra bientôt dans la conscience qu'elle prenait de l'inanité de sa menace.

Son père était mort, sa mère vivait avec ses trois fils et les femmes de ceux-ci. Aucun d'eux ne se soucierait de recueillir l'épouse fugitive ni de rembourser, à son mari, le prix qu'il avait payé pour l'obtenir. Ils étaient trop pauvres pour cela.

Tout ce qu'elle aurait à attendre de sa fugue serait des injures et des coups, encore des coups... Elle en avait tant reçu. Alors ?... Quoi ?... Elle se le demandait, ayant perdu tout espoir.

Alors, Lobzang avait paru.

Dès leur seconde rencontre, celui-ci avait conçu le projet d'enlever sa jeune maîtresse. Lors de la troisième, il lui proposa de partir avec lui et elle accepta d'enthousiasme.

L'enthousiasme de Lobzang n'était pas moindre, mais mieux que sa petite amie il connaissait les réalités de la vie.

S'en aller où?... Partout il faudrait de l'argent pour manger...

L'argent était le seul obstacle. Le reste paraissait aisé.

Il avait des amis dans une tribu dont les membres étaient en mauvaise intelligence avec les *dokpas* de la tribu de Kalzang. A la suite d'une incursion des troupeaux de ces derniers sur les pâturages des autres, les hommes s'étaient battus, il y avait eu des blessés. S'il emmenait Pasangma de ce côté, il ne serait certainement pas poursuivi, du moins pas avant d'avoir pu aller plus loin, de sortir des Tchang thangs, de gagner la lisière de la Chine ou celle du Tibet [1].

Mais l'argent?... Où le trouver?

Lobzang vivait dans sa famille, il ne possédait en propre que son cheval avec sa selle, son sabre dans un fourreau coquet mais de peu de valeur, deux couvertures et, en plus de sa *tchoupa* en peau de mouton, une autre robe de nambou et un gilet de drap rouge. A part son cheval qui lui était indispensable pour voyager, le reste ne représentait pas une somme suffisante pour subsister longtemps en attendant... En attendant quoi?... De s'engager comme domestique d'un marchand voyageant avec une troupe de bêtes de somme... Une occasion pouvait se présenter. Mais quand?... De toute nécessité il lui fallait de l'argent et il pouvait tout au plus, sous un prétexte ou un autre, emporter, dans les grands sacs pendant à sa selle, une provision de vivres suffisante pour un voyage de quelques semaines.

Cependant, il avait dit à Pasangma d'être prête et de guetter son arrivée. Il reviendrait la chercher, un soir... bientôt ou plus tard, il ne pouvait pas le savoir, mais il reviendrait certainement.

Et Pasangma guettait chaque soir au tournant de la vallée où paissaient les moutons.

La solitude aisément hallucinante des hauts alpages septentrionaux est dangereuse à l'homme dont la passion

1. Les Tibétains dénomment les territoires où ils vivent par leurs noms régionaux : Khams, Tso-nyeunpo, Ngari, etc. Le Tibet (*bod yul*) consiste pour eux dans les provinces centrales de U et de Tsang. Plus particulièrement dans la première qui inclut Lhassa.

enfièvre les sens. Autour de Lobzang absorbé par ses préoccupations, le vent murmurait de singuliers conseils; des mots résonnaient à ses oreilles, prononcés par des voix insidieuses, obstinées et caressantes.

« Ne te désole pas, disaient-elles, il est un remède à ta peine, un remède tout proche de toi.

« Ce joyau que Gyalwai Odzér possède... A quoi lui sert-il?...

« Depuis si longtemps que la turquoise a quitté le palais des *nâgas* et depuis si longtemps que des *gömpchéns* usent d'elle pour accomplir des prodiges, sa vertu magique peut être épuisée, mais elle reste une pierre d'un prix inestimable.

« Il existe, en Chine, de puissants gouverneurs qui ont amassé des trésors; que ne paieraient-ils pas pour acquérir une gemme si rare?...

« Et l'on rencontre aussi, en Chine, de grands marchands qui visitent l'Inde et la Mongolie. Ils ne manqueraient pas d'acheter la turquoise, certains de la revendre avec un gros profit.

— « On te l'a dit : chaque jour, à l'aube et au crépuscule, Gyalwai Odzér demeure pendant plusieurs heures, si profondément plongé dans ses méditations qu'il devient insensible à tout contact.

« Il ne sentirait pas qu'on lui enlève le reliquaire contenant la turquoise... Il suffirait de couper la cordelette qui le retient attaché à son cou... Quel mal ferais-tu?...

« Si Gyalwai Odzér est un aussi grand *doubtob* qu'on le proclame, il évoquera un *nâga* et le contraindra à lui apporter une autre turquoise magique... S'il n'en est pas capable, qu'as-tu à craindre? Il n'osera pas avouer qu'on a pu dérober le talisman qu'il tient de la lignée de ses devanciers... »

Le vent continuait à chanter en sourdine et les hautes herbes qu'il courbait mollement semblaient un auditoire d'approbateurs hochant la tête en signe d'assentiment.

« Décide-toi, Lobzang. Pasangma guette ton arrivée au tournant de la vallée, ne la fais pas attendre. »

Et dans les brumes s'élevant au-dessus des marécages, Lobzang distinguait des images.

Il se voyait, ayant acheté des marchandises avec l'argent produit par la vente de la turquoise... Il trafiquait... Peu à peu, il s'enrichissait... Puis, quelque part, en Chine ou au Tibet, un opulent commerçant, qui était lui-même, menait une vie agréable dans une jolie demeure regorgeant de marchandises (rouleaux de drap et de soie, tapis, fourrures, balles de laine et maintes autres choses) et où, chaque soir, il trouvait dans sa couche Pasangma, la fille à la chair tiède, si douce à caresser.

Le vent continuait à murmurer ses suaves exhortations et les brumes mouvantes précisaient les contours de visions tentatrices.

Lobzang s'était décidé.

Caché à proximité de l'ermitage, l'amant de Pasangma avait vu s'éloigner Munpa Dés-song partant pour une de ses habituelles collectes de vivres dans les campements de la région; il savait que cette tournée demandait trois ou quatre jours et, par conséquent, croyait avoir, devant lui, tout le temps nécessaire pour exécuter son projet sans y mettre de hâte imprudente.

A aucun moment l'idée d'assassiner l'ermite ne lui était venue. Il aurait frémi d'horreur à une telle pensée. Il ne s'agissait que de dérober, sans être découvert, un objet, en somme inutile à son propriétaire actuel. Dès le soir même, ce pourrait, sans doute, être fait.

Cependant, peu après le départ de Munpa, trois pasteurs survinrent. Ils venaient rendre visite à Odzér et, vraisemblablement, l'entretenir de quelque affaire les concernant.

Ils s'installèrent au pied même du sentier conduisant à l'ermitage et cuisinèrent de la soupe aux nouilles dont ils portèrent des marmitées au reclus. Ils restèrent là pendant trois jours, montant vers la caverne d'Odzér pour causer longuement avec lui, puis, redescendus à leur camp, bavardant entre eux, buvant du thé beurré et de l'alcool, s'endormant tard et s'éveillant avant le jour.

Lobzang était au supplice. Il ne pouvait rien entreprendre avant le départ de ces fâcheux campeurs et Munpa allait revenir. De plus, la perturbation que la visite des pasteurs avait causée dans les habitudes d'Odzér pouvait avoir entraîné des changements quant aux heures qu'il consacrait à ses méditations journalières, ou bien l'intensité de sa concentration d'esprit pouvait être affaiblie...

A mesure que le temps s'écoulait, l'impatience qui rongeait Lobzang devenait plus torturante.

Enfin, les pasteurs s'en allèrent dans l'après-midi du troisième jour. Un plus long délai était impossible, il fallait se risquer le même soir.

Le soleil avait disparu sous l'horizon depuis un long moment lorsque le disciple félon poussa la porte de l'ermitage d'Ödzér. Près du seuil il se prosterna.

C'était là précaution utile pour s'assurer du degré d'abstraction du *gömpchén*. S'il remarquait l'entrée du visiteur, il lui parlerait ou, par un geste, il lui ordonnerait soit de rester, soit de se retirer.

Toutefois, bien qu'inconsciemment, Lobzang ait pu obéir à un calcul de prudence, en se prosternant, il se conformait à une habitude fortement ancrée en lui qui commandait le geste machinal de la prosternation devant le Maître. Il y avait peut-être davantage. Les sentiments de vénération et de crainte que le déloyal disciple nourrissait depuis longtemps envers Ödzér demeuraient vivaces en lui. Il allait voler le *gömpchén* mais... mais... Tout de même... Lobzang eût été bien incapable de démêler le mélange embrouillé des idées contradictoires qui tourbillonnaient et se heurtaient dans son cerveau.

L'intérieur de l'ermitage était obscur. Il fallut un instant à Lobzang pour distinguer à la faible lueur clignotante de la petite lampe d'autel, la forme du reclus assis, les jambes croisées, enroulé dans sa toge grenat sombre, sur son siège de méditation.

A son entrée, Gyalwai Odzér n'avait manifesté par aucun signe qu'il s'était aperçu de sa présence. Lobzang s'avança jusqu'à toucher la petite table placée devant le siège du *gömpchén* et portant, comme de coutume, un bol, une boîte contenant de la *tsampa* et une lourde théière de bronze [1].

Odzér demeurait toujours parfaitement immobile, les yeux plus qu'à demi clos.

Lobzang se prosterna encore et se releva lentement, le

---

1. Les Tibétains sont de grands buveurs de thé et, en conséquence, leurs théières sont de grandes dimensions. Les plus petites mesurent au moins trente centimètres de haut.

regard attaché fixement sur son Maître. L'immobilité de celui-ci durait, pas le moindre battement de paupières ne dénotait qu'il vivait.

Lobzang se glissa avec précautions dans l'étroit espace qui séparait le siège de méditation du petit autel, hésita pendant quelques secondes, passa, en tremblant, sa main sous la toge de l'ermite, sentit, sous ses doigts, la dureté du reliquaire, toucha la cordelette qui le retenait attaché et, soudain, un cri d'épouvante s'étrangla dans sa gorge.

Gyalwai Odzér avait les yeux, des yeux démesurés, fixes, pareils à des brasiers ardents et le regard terrible que ceux-ci dardaient sur le voleur le transperçait comme des flèches de feu.

Un réflexe instantané de sa main cherchant à s'interposer entre lui et ce regard fulgurant amena celle-ci en contact avec la théière de bronze; inconsciemment elle s'en saisit, l'éleva, et les yeux de l'ermite, violemment frappé à la tempe, s'éteignirent.

L'assassin cessa de penser. Pareil à un robot mû par des ressorts mécaniques, il accomplit tous les gestes du plan qu'il avait longuement élaboré pendant les jours précédents. Il rompit la cordelette, en dégagea le reliquaire, le cacha sous sa robe, puis, sans se retourner, il sortit de l'ermitage, en ferma la porte, s'en alla à l'endroit où il avait caché ses sacs de provisions et dissimulé son cheval attaché, sauta en selle et s'éloigna au galop. Il faisait nuit.

Munpa ne revint que le lendemain au soir.

Lobzang, pressant sa monture, ne s'arrêta pas de toute la nuit.

Le vent froid qui lui fouettait le visage dissipait peu à peu la torpeur mentale au cours de laquelle il avait commis son crime. Il recommençait à penser et, avec l'activité de son cerveau, la terreur se levait en lui.

Il se flattait de l'idée que le meurtrier de Gyalway Odzér demeurerait toujours inconnu. Qui penserait à l'identifier avec lui? — Personne, évidemment. Mais le *gömpchén* était-il vraiment mort?... Le coup qu'il avait reçu pouvait l'avoir étourdi sans le tuer. Dans ce cas il nommerait son agresseur, le voleur du reliquaire. Il l'avait probablement reconnu... D'ailleurs, Odzér n'était-il pas magicien? Ne possédait-il pas des moyens de connaître ce qui pour d'autres demeurait caché? — Alors... à moins que la mort ne l'ait rendu muet, Odzér parlerait, châtierait...

Même mort, le *gömpchén* restait redoutable... plus redoutable peut-être qu'étant vivant... Tandis que, dans l'ermitage, demeurait cela qui semblait être le cadavre d'Odzér, Odzér toujours vivant dans une forme subtile, ne le poursuivait-il pas escorté par la horde de ses démons familiers?... N'allait-il pas, tout à coup, surgir devant lui avec ses yeux effroyables qui lançaient des éclairs?...

A l'engourdissement mental de Lobzang succédait une montée de folie.

La clarté pâle de l'aube commençait à se répandre sur l'immensité vide des Tchang thangs lorsque le criminel exténué et son cheval fourbu s'abritèrent entre quelques mamelons herbeux qui s'élevaient au bord d'un ruisseau.

Ils passèrent là toute la journée. Lobzang dormit pesamment jusqu'au crépuscule tandis que son cheval entravé paissait dans son voisinage.

Avec son réveil, les préoccupations du fugitif se ranimèrent; toutefois le repos goûté pendant de longues heures de sommeil avait apaisé sa surexcitation : il commençait à envisager sa situation avec plus de lucidité.

Il n'avait rencontré personne depuis qu'il avait quitté l'ermitage, personne non plus pendant sa chevauchée nocturne et, certainement, personne ne l'avait vu tandis qu'il dormait, car il est inimaginable qu'un *dokpa* puisse apercevoir un homme seul, endormi en plein jour auprès de son cheval, sans se détourner de son chemin pour lui demander qui il est, d'où il vient et où il va. Lobzang, étant un *dokpa,* savait bien comment il se comporterait en pareille circonstance.

Donc, pour le moment, tout était pour le mieux, mais il lui restait à rejoindre Pasangma sans trouver de curieux sur son chemin.

Il voyagerait donc encore pendant la nuit suivante.

Quelque peu rasséréné, il humecta de la *tsampa* avec de l'eau du ruisseau, en pétrit deux boulettes, les mangea, but quelques gorgées d'eau, enleva les entraves des pieds de son cheval, le sella, rechargea ses sacs de provisions et s'éloigna comme l'obscurité envahissait les alpages.

L'espèce de quiétude faite d'oubli dont Lobzang venait de jouir ne dura pas longtemps. Avec la nuit, les fantômes reparurent, le poursuivant, ricanant méchamment autour de lui. En vain pressait-il l'allure de sa monture, les êtres démoniaques étaient plus rapides qu'elle, la dépassaient parfois, se livrant, devant elle, à des gesticulations menaçantes. La folie étreignait de nouveau le meurtrier.

Comme la nuit touchait à sa fin, Lobzang arriva au but qu'il s'était fixé, un endroit situé à l'écart des pistes fréquentées dont il s'était tenu prudemment éloigné pendant ses deux nuits de voyage.

Il se trouvait, maintenant, à peu de distance du coude de la vallée où Pasangma lui avait promis de l'attendre chaque soir. Elle serait là, il n'en doutait pas. La jeune femme lui avait décrit la vie misérable qu'elle menait entre son vieux mari et la coléreuse Tséringma, elle souhaitait ardemment en être libérée. Et puis, elle l'aimait, il le croyait, du moins, sans oser en être tout à fait certain, mais ce qu'il sentait âprement c'était la soif qu'il avait d'elle, et cela seul comptait.

Il devait agir, agir promptement; mais des obstacles pouvaient surgir. Qu'une besogne quelconque retienne Pasangma au campement, un des jeunes domestiques de Kalzang serait, alors, chargé à sa place de ramener le troupeau [1], et c'est lui qu'il trouverait au lieu de Pasangma. Des questions lui seraient posées, il aurait été vu et l'enlèvement projeté deviendrait plus difficile à effectuer avec sécurité...

Mais il ne servait à rien de se livrer à des conjectures à ce sujet. De l'endroit où il s'était arrêté, il ne pouvait ni apercevoir les mouvements des gens du campement ni ce qui se passait dans la vallée où les moutons paissaient. Il n'avait qu'à se risquer, se fiant à sa bonne chance, et cela sans attendre qu'il fît sombre. Si les moutons n'étaient point, comme d'ordinaire, parqués dans les enclos au début du crépuscule, les gens de Kalzang s'en étonneraient et se mettraient à la recherche de Pasangma. Or, avant que l'on s'inquiètât de son absence, il fallait qu'elle et lui fussent

---

1. En général, les troupeaux ne sont pas gardés pendant la journée. On les fait sortir, le matin, des enclos où ils ont été enfermés pendant la nuit et on les conduit à l'endroit où ils passeront la journée. Le soir venant, on va les chercher et on les reconduit dans les enclos.

déjà loin et que la nuit empêchât de distinguer la direction qu'ils avaient prise.

Il ne lui restait qu'à demeurer caché pendant toute la journée. Puis, s'il ne rejoignait pas Pasangma ce soir-là ou s'il craignait d'avoir été aperçu, il se retirerait ailleurs, plus loin, pour une autre journée d'attente... une journée... plusieurs journées... Que pouvait-il en savoir ?

La pensée des difficultés à surmonter, en occupant l'esprit de Lobzang, y effaçait de nouveau la fantasmagorie des démons vengeurs tandis que le souvenir de Pasangma qu'il savait proche et qu'il allait emporter enfiévrait sa chair.

Ce jour-là, malgré sa fatigue il ne dormit pas.

Fût-ce les dieux indulgents ou les démons narquois des solitudes qui épargnèrent à Lobzang les complications qu'il avait redoutées, vers la fin de l'après-midi il trouva Pasangma guettant son arrivée au tournant de la vallée.

Pendant ces semaines d'attente, la naïve amoureuse s'était munie de quelques vivres : un peu de *tsampa,* du fromage séché et un petit morceau de beurre. Elle eût été rouée de coups si Tséringma l'avait surprise commettant ces larcins, mais l'amour et le désir d'échapper à sa servitude la rendaient audacieuse et ce fut avec fierté qu'elle retira, de sous une pierre où elle l'avait caché, le sac contenant son trésor et le tendit à son amant. Celui-ci l'attacha vivement sur le devant de sa selle, enfourcha son cheval, aida Pasangma à se hisser en croupe et s'éloigna en toute hâte. Le moment n'était point aux manifestations tendres, les minutes étaient comptées, ils devaient être promptement hors de vue du campement.

Tous deux se taisaient, les yeux et les oreilles aux aguets, craignant de déceler des menaces de danger. Malgré le poids qu'elle portait, la robuste bête de Lobzang les emmenait bon train et, la nuit venue, ils se trouvèrent déjà loin du campement de Kalzang.

Lobzang s'arrêta près d'un ruisseau, mit pied à terre et aida Pasangma à descendre du cheval.

— Tu dois manger, lui dit-il, mais nous ne nous attarderons pas. Nous devons être hors de cette région au lever du jour.

Pasangma ne répliqua pas. Elle était heureuse, heureuse à sa façon de petite bête passive.

— Nous n'allumerons pas de feu, dit encore Lobzang. Nous ne trouverions pas de *djoua*[1] dans l'obscurité et puis le feu s'aperçoit de loin et laisse des traces. Il ne faut pas que l'on découvre des marques de notre passage. On te cherchera demain.

— Oui, répondit timidement Pasangma, on me cherchera, mais pas de ce côté-ci. Kalzang croira que j'ai voulu retourner dans ma famille. Un jour où Tséringma m'avait trop battue, je l'ai menacée de m'en aller chez mes frères.

Cette déclaration rassura Lobzang. Le campement où vivaient la mère et les frères de Pasangma était situé assez loin au nord de celui de Kalzang, tandis qu'ils avaient marché vers le sud.

Les prévisions de Pasangma se vérifièrent. Lorsque, le soir venant, Tséringma ne vit pas revenir le troupeau, elle pensa d'abord à une négligence de sa cadette qui s'était attardée à récolter des *toumas*[2]. Cependant, comme l'obscurité se faisait, elle dépêcha un homme pour quérir la retardataire et rentrer les bêtes.

A l'endroit où Pasangma aurait dû se trouver, l'homme ne la vit pas; il grimpa sur une butte pour examiner les alentours; aussi loin que sa vue pouvait s'étendre on n'apercevait personne. Les moutons, contrariés dans leurs habitudes, s'étaient débandés et bêlaient piteusement. Ils ne pouvaient être abandonnés dans la nuit, c'eût été tenter les loups. Le *dokpa* appela encore une fois Pasangma de toute la force de ses poumons. Pas de réponse. Alors, il rassembla les bêtes et les chassa devant lui jusqu'au campement.

Kalzang ne soupçonnait aucunement que sa jeune épouse avait trouvé un amant en gardant des moutons, mais ce dont il ne pouvait douter c'est qu'elle ne se plaisait pas auprès de lui et de Tséringma; sa mine désolée en témoignait suffisamment. N'avait-elle pas crié, un jour, dans un accès de colère, qu'elle voulait retourner chez les siens? C'était là qu'il la trouverait. S'y rendant à cheval, il

---

1. *Djoua:* la bouse séchée du bétail, que l'on ramasse dans les pâturages. La majorité des Tibétains n'ont pas d'autre combustible.
2. *Touma:* nom d'une racine sauvage qui croît dans les hautes terres incultes. Son goût rappelle celui de la châtaigne.

devancerait la petite qui s'en était allée à pied et lui préparerait une chaude réception avant de la ramener à sa tente. La velléité d'indépendance manifestée par sa chétive et encore stérile épouse, rendait le bonhomme furieux. Ses gros poings lui démangeaient, impatients de s'abattre sur l'audacieuse fugitive.

Cependant, Pasangma n'était pas dans la tente de ses parents. Elle n'y arriva pas non plus pendant les jours suivants.

Sa mère et ses frères jurèrent qu'ils n'étaient pour rien dans sa fuite et les *dokpas* habitant les tentes voisines affirmèrent qu'ils n'avaient pas revu Pasangma depuis le jour où, après son mariage, Kalzang l'avait emmenée.

Celui-ci n'en réclama pas moins à sa famille le remboursement du prix qu'il leur avait versé pour la fillette. Remboursement que la mère et les frères de Pasangma refusèrent catégoriquement d'effectuer.

Avant d'avoir droit à le demander, le mari de la femme fugitive devait, en effet, faire la preuve de sa fuite, c'est-à-dire montrer sa femme à des témoins dans le lieu où elle s'était réfugiée. Faute de *voir* Pasangma on ne pouvait pas savoir si elle s'était véritablement enfuie contre la volonté de son mari. Il avait pu la chasser... la tuer. Il fallait *voir* la coupable, l'entendre. La loi était formelle à cet égard. Kalzang le savait, mais refusait d'en convenir. La pensée d'avoir perdu le bétail et l'argent qu'il avait offerts aux parents de la fiancée lui était infiniment désagréable mais, plus encore, le dépitait celle d'avoir à affronter les railleries de Tséringma qui s'était résignée de mauvaise grâce à son second mariage et ne manquerait pas de se réjouir de son humiliante mésaventure.

Il s'attarda donc à disputer, et comme d'habitude, au Tibet, des arbitres se présentèrent pour juger le litige. Il n'est aucun Tibétain qui ne montre de l'empressement en pareille occasion car un arbitrage comporte nécessairement quelque plantureux repas offert aux juges bénévoles par chacune des parties.

Ainsi fut fait au campement de Pasangma. Ses frères se désolaient, eux, déjà pauvres, d'avoir à tirer, de leur misérable troupeau, des bêtes que les compères arbitres dévoraient gaiement, Kalzang rageait d'être obligé, de son côté, de supporter des dépenses analogues, et la pensée des sarcasmes dont l'accablerait la jalouse et vindicative Tséringma le harcelait de plus en plus. Il s'obstinait pourtant, refusant de se déclarer vaincu, et les charitables arbitres qui continuaient à festoyer ne le pressaient nullement d'abréger le procès.

Les jours s'écoulaient, tandis que Pasangma demeurait introuvable. A vrai dire, à part Kalzang, l'intéressé, les hommes commis à la recherche ne déployaient pas grand zèle. Partageant les sentiments des arbitres ils préféraient, au lieu de battre les Tchang thangs, demeurer auprès des tentes où l'on mangeait à cœur joie et buvait sans trêve.

Suivant l'avis que lui donna un des *dokpas*, Kalzang alla consulter un *ngagspa mopa*[1] qui jouissait d'une haute réputation de clairvoyance. Tous affirmaient que ce lui serait un jeu de découvrir l'endroit où Pasangma se cachait.

Le *mopa* commença par réclamer de l'argent pour sa consultation. Il étala des grimoires, jeta les dés, compta les points qu'ils amenaient, se rapporta à des dessins qui y correspondaient et, finalement, il déclara que la jeune femme s'éloignait sans que ses pieds touchassent terre, qu'elle était déjà loin... très loin, mais qu'il connaissait des moyens de la contraindre à revenir et s'emploierait à obtenir, à cet effet, l'assistance de certaines déités... Toutefois, afin de se pourvoir des éléments requis pour la célébration des rites nécessaires, il lui fallait de l'argent. Kalzang paya encore... Mais il ne revit jamais Pasangma.

Naturellement, Lobzang ignorait ces événements. Il se fiait au dire de sa maîtresse, affirmant que Kalzang dirigerait ses recherches dans une direction opposée à celle vers laquelle il se proposait de marcher. Pourtant, il demeurait inquiet. Pasangma pouvait se tromper quant aux intentions de son mari.

« Nous ne nous arrêterons pas pendant longtemps », avait dit Lobzang quand il avait fait halte. « Nous attarder serait imprudent. » Mais il n'avait pu s'en tenir à ce

---

1. *Ngagspa* (snags pa) : « homme instruit des formules occultes et expert dans l'art de s'en servir ». *Mopa :* celui qui pratique la divination.

sage programme. Au contact du corps tiède et souple de Pasangma emportée en croupe, un irrépressible désir s'était allumé en lui...

L'aube venait lorsque le couple se remit en marche.

Lobzang, les sens satisfaits mais l'esprit mécontent, retombait dans son mutisme, remâchant ses sujets de crainte. Il n'avait pas encore mis une distance assez grande entre lui et les tentes de Kalzang... entre lui et l'ermitage d'Odzér. Sur cette dernière pensée il n'osait pas s'appesantir, il la secouait pour la rejeter hors de lui, s'efforçant de lui substituer des préoccupations toutes proches.

Bientôt la lumière du grand jour se répandrait sur les alpages, des voyageurs s'y aperçoivent de loin et les *dokpas* ont les yeux perçants. Aucun repli de terrain qui pût les abriter ne ridait l'étendue de pays qui s'étendait entre eux et une chaîne de collines qui se dessinait à l'horizon. C'était loin... mais aucune alternative ne s'offrait. Lobzang pressa sa monture.

Les fugitifs atteignirent le pied des collines au début de l'après-midi. En cours de route, ils n'avaient aperçu aucun campement, aucun troupeau... c'était le désert. Tout au bas des pentes herbeuses Lobzang découvrit un *saphug*[1]. Pasangma et lui s'y reposèrent pendant le restant de la journée.

Maintenant la décision de Lobzang devenait flottante. Son premier projet avait été de se rendre directement à Sining pour y vendre la turquoise, mais il avait ensuite écarté cette idée. De nombreux pasteurs du Tso-Nieunpo se rendent dans cette ville frontière et en fréquentent les environs. Il risquait d'y rencontrer quelqu'un qui le connaissait ou de se voir aborder par l'un ou l'autre *dokpa* qui, sans le connaître personnellement, lui demanderait à quelle tribu il appartenait et quelles affaires l'amenaient en Chine. Il ne pouvait songer à cacher son identité; sa physionomie et son langage le désignaient clairement comme un pasteur des Tchang thangs.

La mort de Gyalwai Odzér, si elle n'était pas déjà connue, ne tarderait pas à l'être et la nouvelle se répandrait vite parmi les pasteurs. Etant reconnu comme l'un d'eux il

---

1. *Saphug* (prononcé « sapoug ») : caverne s'enfonçant dans la terre, à la différence de *tagpoug* : caverne dans le roc.

ne manquerait pas d'être questionné au sujet du *gömpchén*. On lui demanderait, au moins, s'il le connaissait.

La crainte d'être poursuivi par Kalzang ou par ses gens reculait tout à fait à l'arrière-plan des préoccupations de Lobzang tandis que la figure de l'ermite-magicien grandissait et devenait de plus en plus présente et formidable.

Laisser savoir qu'il possédait une turquoise incomparable, la montrer à un marchand de Sining qui bavarderait à son sujet, était dangereux, affreusement dangereux. Il ne devait pas aller à Sining. D'ailleurs, en s'écartant des tentes de Kalzang, il avait marché vers le sud et s'était, ainsi, éloigné de Sining situé au nord.

Il ferait mieux de se rendre à Dartsédo[1]. Là aussi résidaient de riches marchands traitant des affaires importantes. Il l'avait souvent entendu dire. La distance à parcourir était longue et des brigands rôdaient le long des pistes. Pourtant il courrait moins de danger de ce côté. Pour l'instant une seule chose importait : quitter les Tchang thangs le plus vite possible.

Tous deux repartirent à la tombée de la nuit.

Pour ne pas fatiguer davantage son cheval, Lobzang le laissait maintenant à Pasangma, marchant à côté d'elle. Leur avance en devint plus lente, mais ils continuaient à traverser des espaces déserts; ils n'avaient pas été poursuivis, tout semblait aller bien pour eux. Pasangma s'était rassurée et s'abandonnait joyeusement, avec une insouciance enfantine, au charme de sa nouvelle situation en compagnie d'un homme qui l'aimait, qui l'avait délivrée d'un pénible esclavage et auprès de qui elle mènerait une existence heureuse. Où?... Comment?... Lobzang possédait-il les ressources nécessaires pour subvenir à leurs besoins? Ces questions n'effleuraient même pas sa cervelle d'oiselet sauvage.

Il n'en était pas de même de son amant. Dans l'intervalle des crises de passion brutale qui le jetaient sur sa compagne, de multiples craintes le tourmentaient.

L'ample provision de vivres qu'il avait emportée était

1. Nom tibétain de la ville dénommée Kangting par les Chinois, située dans la province chinoise du Sikang (pays de Khams, Tibet oriental). Elle est généralement inscrite sur les cartes comme Tatsienlou, son ancien nom chinois.

encore loin d'être épuisée, elle assurerait leur subsistance pendant un temps suffisant, sans doute, pour gagner une ville chinoise où la vente de la turquoise le rendrait riche.

Une ville?... Laquelle?... Des doutes lui venaient quant à la sécurité que Dartsédo offrirait. Les Chinois sont soupçonneux. Et s'il ne se décidait pas pour Dartsédo, où irait-il?

Les connaissances de Lobzang concernant les régions frontières chinoises étaient très limitées; elles ne dépassaient pas ce qu'il en avait appris des pasteurs de son voisinage, qui ne s'étaient jamais aventurés bien loin hors de leurs pâturages.

Aussi, après avoir rayé Sining et Dartsédo d'un programme possible, Lobzang se trouvait-il à court d'imagination.

Pourtant, la nécessité de s'éloigner, d'aller loin, très loin, l'aiguillonnait. La vision de ce qu'il avait laissé derrière lui : le cadavre d'Odzér resté sur son siège de méditation, resurgissait chaque jour plus nette, s'imposant non plus seulement à son esprit, mais à ses yeux en une forme tout à fait matérielle, tangible; et les démons grimaçants ne cessaient plus leur ronde autour de lui.

Il devait se hâter de se débarrasser de la turquoise magique — pour en tirer de l'argent, il en avait besoin — mais plus encore pour se délivrer de l'obsession dont, sans nul doute, elle était la cause.

Il n'avait pas encore osé ouvrir le reliquaire pour la regarder — on disait qu'elle était sertie dans un lotus d'or. Il se sentait trop seul en face d'elle... Plus tard, quand il se trouverait dans une ville, parmi des gens, beaucoup de gens, la puissance magique de la turquoise issue des trésors des *nâgas* serait moins redoutable.

Il attendrait donc pour s'en débarrasser, bien qu'elle le tourmentât chaque jour davantage. Elle lui brûlait maintenant la poitrine; il sentait des griffes sortant du reliquaire, lui labourer la chair. La douleur lui arrachait, alors, des cris rauques, il balbutiait des phrases incompréhensibles, et en Pasangma apeurée, l'amour qu'elle avait éprouvé pour lui se muait en terreur.

Pendant quelques jours le couple erra au hasard, Lobzang, taciturne et maussade, n'avouant rien à sa maîtresse des soucis auxquels il était en proie, et celle-ci commençant à s'inquiéter de cette marche dans les solitudes en dehors des pistes fréquentées. Ils étaient loin maintenant des campements où ils étaient connus. Quel besoin avaient-ils donc de se cacher si soigneusement? — et où conduisait l'itinéraire qu'ils suivaient? — Lobzang lui avait expliqué les raisons qui les empêchaient d'aller à Sining, il avait nommé Dartsédo comme but de leur voyage, mais maintenant il ne parlait plus de Dartsédo et, bien que Pasangma ignorât tout de la route à suivre pour s'y rendre, elle discernait vaguement l'incertitude des mouvements de Lobzang. Où la conduisait-il?... Savait-il lui-même où il allait?...

Un soir elle s'enhardit à lui demander. Lobzang, buvant du thé assis, silencieux et sombre, près du petit feu de camp, sursauta à la question de sa compagne. Une réponse qu'il n'avait point *pensée* lui vint aux lèvres :

« Nous allons au Népal. »

Le Népal : Bal yul [1]. Il savait bien que ce pays existait. Des gens s'y rendaient en pèlerinage pour vénérer les grands *chortens* marquant les emplacements de sites rendus sacrés par des événements relatés dans les histoires du Bouddha et de ses disciples. De tout cela il avait entendu parler, comme aussi de grandes villes que les pèlerins voyaient au Népal. Mais où se trouvait au juste le Népal? Très loin, du côté du Kangs Rimpotché [2], disait-on.

En enlevant Pasangma il n'avait jamais eu l'intention de l'emmener au Népal. Le nom du Népal lui était venu, il ne savait pourquoi, mais l'ayant prononcé, le nom évoqua des idées dans le cerveau enfiévré de Lobzang.

Népal?... Pourquoi pas?... C'était loin... Tant mieux. Plus il serait loin, plus il se trouverait en sûreté. Et ce n'était pas au mari de l'épouse fugitive qu'il pensait lorsque le souci de sa sécurité se levait dans son esprit. Il avait presque oublié Kalzang et une poursuite possible de ses gens pour reprendre Pasangma, le rouer de coups, lui enlever son cheval et le peu qu'il possédait. C'était un autre qu'il redoutait, un autre qui ne cessait plus d'occuper ses

1. *Bal yul :* le pays de la laine (bal).
2. Le mont Kailas, demeure de Shiva d'après les légendes indiennes. Au sud-ouest du Tibet.

pensées : Gyalwai Odzér, rigide sur son siège de méditation. Jamais il ne serait assez loin de lui.

Mais pourrait-il jamais être loin du *gömpchén?*... Celui-ci ne l'avait-il pas déjà rejoint, ne l'avait-il pas suivi dès après sa fuite de l'ermitage? Ne percevait-il pas sa présence constante auprès de lui? S'il retardait sa vengeance, c'était certainement qu'il projetait quelque châtiment terrible, inouï, dépassant en horreur tout ce que lui, le criminel fugitif, pouvait concevoir.

Quand frapperait-il, ce magicien insaisissable qu'il sentait rôder autour de lui? Ne s'amusait-il pas malicieusement à le tenir dans la terreur de *cela* qu'il savait devoir inéluctablement venir, sans pouvoir imaginer la forme que *cela* prendrait? N'était-ce pas son anxiété torturante qui excitait les ricanements des démons qui l'entouraient?

Ces ricanements, les chuchotements des esprits hostiles qui l'épiaient et commentaient entre eux le désarroi dans lequel il sombrait, il en venait à les entendre très distinctement, à discerner les paroles de menace ou d'impitoyable raillerie que le vent lui apportait.

Pour s'y rendre sourd il se jetait soudainement sur sa compagne, la possédait brutalement, avec frénésie... Un rire strident résonnait alors, tout proche de son oreille, cent autres lui faisaient écho en une cacophonie tumultueuse dont les ondes parcouraient les plateaux déserts jusqu'à leurs lointains confins. Lobzang se relevait avec un cri rauque, repoussait sa maîtresse et courait s'affaler plus loin, la tête enfouie dans la fourrure épaisse de sa robe, se bouchant vainement les yeux et les oreilles pour échapper au cauchemar qui l'environnait.

Ils continuaient à déambuler. Les jours passaient; des jours et des jours encore. Leurs étapes devenaient de plus en plus courtes et, souvent, Lobzang s'arrêtait dès le milieu du jour ou demeurait pendant une journée entière couché sur le sol, paraissant dormir.

Pasangma n'osait plus l'interroger quant au but de leur singulier voyage. Les abondantes provisions emportées au départ s'étaient épuisées, le couple s'était rationné, puis Lobzang avait dû se décider à envoyer sa compagne dans les fermes isolées pour y échanger l'une ou l'autre de ses bagues d'argent contre de la *tsampa*. Ces quelques bagues communes constituaient toute la fortune de Pasangma, les seuls gages de la maigre générosité de son époux. Elle répugnait à s'en dessaisir, mais il fallait manger en attendant d'être arrivés là où, un jour, Lobzang lui avait dit qu'ils seraient riches. Où était ce *là?*... Au Népal?... Combien de temps mettraient-ils encore avant de l'atteindre?

Des trois bagues qu'elle possédait il ne lui en restait plus qu'une. Elle l'avait fait remarquer, un soir, à Lobzang. Il n'avait rien répondu, mais deux jours plus tard, apercevant un groupe d'habitations au loin, il lui avait brusquement commandé d'y aller pour la vendre. Lui-même ne voulait pas se montrer, la première chose qu'on lui eût proposé d'acheter aurait été son cheval en spéculant sur son dénuement pour lui en offrir un prix dérisoire. Il n'osait pas davantage offrir les gros sacs de cuir accrochés à sa selle, ni la selle elle-même. Ces accessoires auraient fait soupçonner l'existence du cheval et les bonnes gens, pasteurs ou fermiers, auraient probablement suivi le voyageur isolé pour s'approprier sa monture sans rien payer en échange. Lobzang connaissait les mœurs de son pays, il les avait peut-être quelque peu pratiquées... lui ou ses proches. Pasangma, portant un mince baluchon sur son dos et se présentant comme une pauvre pèlerine, ne courait pas les mêmes risques. Tant de ses pareilles circulent à travers le Tibet qu'elles n'éveillent aucune attention.

Enfin leurs vivres étant complètement épuisés, Pasangma suggéra timidement à Lobzang qu'à la première occasion il pourrait vendre le reliquaire qu'il portait attaché à son cou. Elle n'avait jamais vu ce reliquaire cousu dans un morceau de drap rouge, mais elle en avait senti la dureté lorsque son amant la serrait contre lui, au début de leurs amours. La plupart des Tibétains portent, en voyage, de ces reliquaires contenant l'image d'une déité ou des charmes protecteurs. Si celui que possédait Lobzang était en argent, il pourrait en tirer un bon prix, c'est-à-dire une ample provision de vivres, qui leur suffirait sans doute pour arriver à leur but.

Cependant, aux premiers mots qu'elle hasarda à ce sujet, Lobzang entra dans une telle fureur qu'elle n'osa plus réitérer son conseil.

Au fond d'elle-même, sans regretter absolument de s'être séparée de son vieux et désagréable mari, elle songeait qu'elle n'avait guère gagné à suivre ce Lobzang toujours plongé dans de sombres préoccupations et n'en sortant que pour tomber dans des accès de fureur et de brutalité. Elle sentait qu'il ne l'aimait plus. Elle doutait, même, qu'elle-même eût jamais aimé Lobzang. En lui, elle avait surtout vu un libérateur qui la sortait d'un esclavage pénible...

La pensée lui était venue de solliciter la pitié de ceux à qui elle avait présenté ses bagues en vente, de leur demander asile. Près de parler, les mots s'étaient arrêtés sur ses lèvres. Elle aurait dû répondre à des questions quant à son pays, à sa famille. Elle ne pouvait pas confesser sa fuite de chez son époux; surtout elle craignait la réaction de Lobzang; cet homme bizarre qui gesticulait et vociférait dans la nuit était capable de la tuer. Il se calmerait certainement quand il serait arrivé au Népal, dans une ville, puisque au début de leur voyage il lui avait assuré que là, il serait riche. Comme chez Kalzang, elle ne pouvait qu'attendre et se résigner. Elle avait attendu, mais si la résignation morale peut se commander, le corps a des exigences qu'il manifeste impérieusement. Le couple jeûnait depuis trois jours. Pendant ce temps ils avaient entrevu au loin deux groupes de tentes et Lobzang s'était inflexiblement refusé à s'y rendre. Il n'avait plus rien à vendre que ce qu'il ne voulait pas vendre : son cheval.

L'animal, bien nourri (l'herbe était abondante en cette saison) et jouissant de longues périodes de repos, était en parfaite forme et propre à mener un cavalier bon train et loin. En le regardant paître pendant leurs fréquentes haltes, des pensées pointaient sournoisement dans l'esprit de Lobzang : enfourcher la bête, partir au galop, abandonner Pasangma.

C'était pour elle qu'il avait volé la turquoise et été conduit, par ce vol, à tuer Odzér, mais ce n'étaient point là motifs propres à réveiller en Lobzang le désir passionné qu'elle lui avait inspiré, et nul sentiment de tendresse émue ne succédait à ce frénétique désir.

Bien au contraire, un ressentiment, près de se muer en haine pour sa compagne, envahissait le cœur de Lobzang. Il abandonnerait Pasangma sans effort, sans regret, mais lui aussi éprouvait les effets de son jeûne et comprenait qu'il ne pourrait le prolonger indéfiniment. Si vite que son cheval robuste l'emportât, il faudrait du temps, beaucoup de temps, pour atteindre un endroit où il pût tenter de vendre la turquoise. Combien de jours ou de semaines? — Un jour, au hasard, sans réfléchir, il avait nommé le Népal. Sa propre sécurité y serait sans doute mieux assurée qu'elle ne l'eût été à Sining ou à Dartsédo; il y risquerait beaucoup moins de rencontrer quelqu'un qui le connaissait et, quant à son identité et au but de son voyage, il pourrait raconter n'importe quelle fable. Mais parviendrait-il à vendre rapidement la turquoise au Népal?... à la vendre très cher? Les affaires de cette importance ne se traitent que dans les villes et, d'après ce qu'il avait entendu raconter par les pèlerins revenant du Népal, les villes s'y trouvaient loin de la frontière. D'ailleurs, où était la frontière? Il n'en connaissait même pas le chemin. Depuis qu'il errait hors des pistes, en un pays où il n'avait jamais été, il était complètement désorienté.

Les raisonnements qu'il se tenait dans ses périodes de lucidité, quand se dissipait le cauchemar fantastique duquel il était la proie, s'accompagnaient maintenant d'un élément nouveau : la faim le pressait. Quant à vendre son cheval, il s'y refusait absolument. Afin de pouvoir, sans s'attirer d'ennuis, proposer en vente une turquoise d'un haut prix, il devait faire figure de voyageur aisé. Un misérable vagabond serait pris pour un voleur, on lui poserait mille questions sur la provenance de la pierre précieuse. Non, il ne pouvait pas vendre le cheval.

« Je ne le vendrai pas... ne le vendrai pas... » marmottait Lobzang tandis que son estomac vide le torturait de plus en plus.

Pasangma, prostrée sur le sol, pleurait silencieusement.

La nuit venait; encore une nuit de souffrances, et le lendemain n'apporterait aucun changement dans leur situation, ne pouvait en apporter aucun.

Il était urgent qu'il fît quelque chose avant que l'inanition ne les ait rendus tous deux incapables de se mouvoir.

Faute d'autre objet sur lequel sa pensée pût se fixer, l'image du reliquaire surgit dans l'esprit de Lobzang. Ce reliquaire, héritage du célèbre magicien Gyalwai Odzér, était certainement en argent et même, probablement, comme il en est souvent, s'embellissait de petits ornements en or. Quel dommage d'avoir à s'en dessaisir dans ce désert, parmi de pauvres *dokpas* qui n'en donneraient qu'un prix dérisoire.

Quant aux soupçons dangereux pour sa sécurité qu'il pourrait susciter en offrant en vente un objet de ce genre, il n'avait rien à redouter.

Il est banal de voir un *lama,* manquant de ressources au cours d'un long pèlerinage aux lieux saints, être contraint de se défaire d'objets religieux qu'il possède : clochette ou *dordji*[1] rituels, rosaire ou reliquaire. Dans ce dernier cas, le reliquaire est vidé de son contenu : image d'un dieu tutélaire, *dzung*[2] protectrice, dessin consacré à sa signification magique, relique ou autre objet vénérable. Vide, le reliquaire n'est plus qu'une boîte dénuée de caractère sacré, sans autre valeur que celle du métal dont elle est faite et de la beauté du travail d'orfèvrerie.

Il retirerait donc la précieuse turquoise et la conserverait soigneusement jusqu'à ce que des circonstances favorables se présentent pour la négocier sans en révéler l'origine.

Si bas, eu égard à sa valeur réelle, que fût le prix qu'il obtiendrait du reliquaire, il lui rapporterait certainement, en plus de quelque argent, une ample provision de vivres. Muni de ceux-ci il atteindrait aisément une ville du Népal et l'argent reçu lui permettrait d'y subsister en attendant la vente de la turquoise.

D'ailleurs, aucune alternative ne s'offrait à lui.

Lobzang n'hésitait plus. Il envisageait seulement la façon convenable de mener son projet à bien.

Une telle affaire ne pouvait être traitée par une femme, une femme inintelligente telle que Pasangma. Il s'en chargerait lui-même et, afin de se montrer sous l'aspect d'un homme suffisamment aisé pour justifier la possession d'un objet précieux, il revêtirait sa robe de *pourouc* grenat, soigneusement préservée en vue de son arrivée dans une ville où sa houppelande de peau de mouton le désignerait fâcheusement comme un *dokpa* des alpages. Il se présenterait aussi à cheval.

1. *Dordji* (rdordje) : un petit accessoire rituel symbolisant la méthode, l'activité. Sanscrit : *vajra*.
2. Dzung (gzungs), sanscrit : *dhârani,* formule magique dite propre à exercer une action sur des éléments constitutifs des choses.

Par prudence, il éviterait qu'on puisse le croire seul; il raconterait qu'il voyageait en compagnie de quelques-uns de ses amis qui continuaient leur route et qu'il se hâterait de rejoindre, soit qu'il trouvât un acquéreur, soit qu'il conservât son reliquaire.

Tandis qu'il élaborait ce plan, de mauvaises pensées s'insinuaient de nouveau dans l'esprit de Lobzang. Pasangma... eh!... elle commençait à le gêner. Elle ralentissait sa marche en le privant de sa monture; elle consommait une part des provisions... Il écarta ces pensées importunes. Pour le moment, il ne devait songer qu'à la vente du reliquaire.

Aucune maison, aucune tente ne s'apercevait de l'endroit où il avait campé et il ne pouvait pas deviner s'il en rencontrerait bientôt en poursuivant sa marche en avant. Le mieux semblait qu'il rebroussât chemin pour gagner un petit groupe de bâtiments — un hameau ou, peut-être, un monastère rustique — qu'il avait entrevu au loin, la veille.

C'est ce qu'il ferait; il partirait le lendemain avant l'aube.

Son jeûne prolongé lui causait toujours des vertiges, mais le fait d'avoir pris une décision calmait l'agitation pénible de son esprit.

Il attendrait cependant qu'il fît complètement nuit pour ouvrir le reliquaire. Après avoir souhaité ne le faire qu'au grand jour, dans un endroit populeux, il redoutait, maintenant, la lumière qui lui permettrait de se voir lui-même accomplissant le geste sacrilège : saisir la turquoise de sa main criminelle.

L'effroi commençait à l'étreindre. Peut-être était-ce ce moment que les démons qui l'entouraient attendaient pour se jeter sur lui et le déchirer. Evidemment, sa première idée était la meilleure. C'était à la pleine clarté du soleil, qui met les fantômes en fuite, qu'il devait ouvrir le reliquaire.

Mais pouvait-il tarder un jour de plus?... La faim le pressait trop, ses forces déjà défaillantes lui permettraient-elles encore, s'il ajournait sa tentative, de fournir une longue étape à cheval et d'être suffisamment lucide et habile pour discuter avec des acheteurs rusés, brûlant du désir de le duper?... Aucun délai n'était possible.

Il en était là de ses réflexions lorsque des hurlements

s'élevèrent au loin. Lobzang frissonna; mauvais présage, pensa-t-il. Puis, un doute lui vint : s'agissait-il de véritables loups, ou bien des êtres plus redoutables qui s'acharnaient à le poursuivre depuis le jour où?... L'image du *gömpchén* dardant sur lui ses regards ardents et retombant, ensuite, inerte sur son siège, se dressait une fois de plus devant lui.

Il se raidit dans un effort de toute sa volonté pour écarter la mémoire du passé et ne songer qu'à l'avenir. La turquoise vendue, une nouvelle vie s'ouvrirait devant lui; tout le reste serait aboli.

Pour le moment il devait veiller sur son cheval, le voisinage des loups exigeait de la vigilance. Il attacherait la bête tout près de l'endroit où il campait avec sa maîtresse.

— Veille au feu, commanda-t-il à Pasangma. Garde un tas de *djoua* et d'herbes sèches à la portée de ta main afin d'en faire une grande flambée s'il est nécessaire. Il y a des loups dans les environs. Ils peuvent sentir la présence de notre cheval.

— Tu as entendu des loups? interrogea Pasangma. Moi je n'ai rien entendu.

Lobzang ne répliqua point. Il songeait. Lui seul avait entendu les hurlements. Ils ne s'adressaient donc qu'à lui. Ainsi, plutôt que des loups en quête de proies animales, c'étaient encore les « invisibles » qui le guettaient, lui, leur proie désignée... Il retombait dans ses divagations.

Encore une fois, il se reprit et alla chercher son cheval qui paissait à proximité du camp. Tout à côté de celui-ci, il planta en terre un piquet et y fixa une lanière enroulée à l'un des pieds du cheval.

Lobzang s'accroupit alors près du feu. Il tremblait, d'un tremblement intérieur singulier. Ses organes lui paraissaient s'agiter, danser une sarabande dans le sac clos qui était son corps.

Le moment était arrivé.

Passant une main dans l'ouverture de sa robe croisée sur sa poitrine, Lobzang en sortit le reliquaire.

Pasangma, qui l'avait observé, jeta un cri.

« Tu vas le vendre! » s'exclama-t-elle.

Le ton de sa voix exprimait une joie débordante. Elle allait manger et continuer son voyage vers l'endroit où elle jouirait de la vie heureuse que son amant lui avait promise!

Mais ce dernier lui répondit par un regard farouche, si haineux que la pauvrette terrifiée se rejeta à terre, le visage caché dans ses deux mains.

Lobzang trancha avec son couteau la cordelette qui retenait le reliquaire pendu à son cou. Il décousit le petit sac de drap rouge, rendu crasseux par ses longs séjours sur des poitrines que l'eau effleurait rarement. Le reliquaire apparut, terni, lui aussi, par les ans. Il était bien en argent et d'un travail exquis, orné de minuscules lotus en or au creux desquels une perle était sertie. Il était beaucoup plus beau que Lobzang ne l'avait imaginé, et digne, vraiment, d'abriter une gemme surnaturelle.

Lobzang le tint longtemps en main sans se décider à l'ouvrir.

La nuit était calme, le silence absolu. Pareilles à des yeux attentifs, la multitude des étoiles paraissait scruter l'immensité des solitudes endormies dans une indicible sérénité.

Lobzang avait ouvert le reliquaire. La clarté émise par le feu le montrait entièrement bourré d'une étoffe de soie fanée, qui avait été d'un bleu pâle. Comme de coutume, celle-ci, découpée en rubans, devait envelopper l'objet vénérable contenu dans le reliquaire. Avec d'infinies précautions Lobzang en déroula les plis étroitement serrés les uns sur les autres. Il déroulait, déroulait encore, de plus en plus lentement; maintenant une sorte de mince bâtonnet soyeux demeurait seul entre ses doigts... un dernier pli... plus rien. Un long chiffon de soie bleue déchiquetée traînait sur la robe de Lobzang.

Effondré, celui-ci passa un doigt à l'intérieur du reliquaire pour l'inspecter, le secoua... Rien. Le reliquaire était vide. Et lui, pour la possession de cette inexistante turquoise miraculeuse, il avait assassiné son Maître et s'était livré aux cohortes démoniaques!

D'un bond il se leva, lançant violemment le reliquaire sur le sol en poussant un cri inhumain.

Effrayé par ce bruit horrible, le cheval se cabra en hennissant, brisa d'un mouvement brusque la lanière qui le retenait attaché et s'enfuit, affolé, dans les ténèbres. Lobzang resta un instant immobile, paralysé par la stupeur, puis se précipita à la poursuite de l'animal fugitif.

Pasangma demeurait atterrée.

Son amant ne lui avait jamais dit qu'un objet précieux se trouvait renfermé dans le reliquaire qu'il portait sur lui; elle ignorait qu'il eût commis un crime pour s'en emparer, et ne pouvait pas comprendre la cause de l'accès de folie furieuse dont elle était témoin.

Ses pensées se portèrent sur le seul incident qui lui fût intelligible : leur cheval s'était échappé et Lobzang, qui prétendait avoir entendu des loups, craignait qu'ils n'attaquassent la bête et voulait la reprendre pour la garder en sûreté près de lui.

Retrouver un cheval dans la nuit ne serait pas facile. Quant à elle, elle ne pouvait pour le moment apporter aucune aide à Lobzang; elle ne pouvait qu'attendre. Machinalement, elle ramassa le reliquaire, l'essuya, enlevant avec un pan de sa robe la terre qui l'avait sali et le glissa dans son *ambag*.

La nuit s'écoulait immuablement, silencieuse et sereine. Lobzang ne revenait pas. De temps en temps, Pasangma jetait quelques fragments de *djoua* dans le feu dont la clarté devait diriger le retour de Lobzang et elle recommençait à attendre. Son anxiété croissait. Il arrive que des chevaux, en vagabondant, rencontrent une troupe de *kyangs* [1], se joignent à elle en jouant, et, l'attrait de la vie libre les tentant, s'enfuient très loin; leurs maîtres ne les revoient jamais.

L'aube fit pâlir l'horizon. Lobzang n'était pas revenu.

Pasangma se leva, regardant autour d'elle. La clarté grandissante ne lui montra que l'espace désert et, au lointain, une ligne sinueuse indiquant une chaîne de collines.

Née et élevée parmi les pasteurs, la jeune femme avait maintes fois vu des chevaux s'échapper et n'être capturés

---

1. Les *kyangs* sont des onagres, grands ânes sauvages. Ils vivent en troupes dans les solitudes tibétaines et fraient volontiers avec les chevaux et les mules qu'ils rencontrent dans les pâturages; la nuit, surtout, ils s'approchent d'eux et paraissent les engager à se joindre à eux, invitation à laquelle des chevaux cèdent parfois.

qu'après plusieurs jours de recherches, à une grande distance du campement auquel ils appartenaient. Le leur avait dû errer pendant toute la nuit. Lobzang ne l'avait certainement pas retrouvé puisqu'il ne l'avait pas ramené. A présent qu'il faisait jour elle allait, de son côté, tenter de le découvrir. Elle assembla les sacs dispersés sur le sol, les entassa loin du feu, et s'en alla.

Elle marchait depuis un certain temps lorsque le soleil se leva, éclairant des formes noires qui tournoyaient dans l'air, descendant sur le sol, puis s'élevant brusquement vers le ciel.

Des vautours, pensa Pasangma, et son cœur se serra. La veille au soir, Lobzang n'avait-il pas entendu des loups? Ces loups pouvaient avoir tué le cheval et les vautours qu'elle voyait festoyaient sur les restes de sa carcasse. Pourtant, rien n'était certain; il était possible qu'une autre charogne ait attiré les rapaces. Elle devait s'en assurer.

Pasangma pressa le pas, poussée par l'anxiété. Les formes des grands vautours se distinguaient de plus en plus nettement. Comme elle touchait à l'endroit où ils étaient assemblés, ils s'envolèrent tous ensemble avec un grand bruit d'ailes et Pasangma vit...

Elle vit le squelette du cheval, presque entièrement dépouillé, et, près de celui-ci, le corps de Lobzang. La peau du visage avait disparu et, à travers les déchirures de sa robe mise en pièces par les becs puissants des vautours, apparaissaient des lambeaux de chair sanguinolente.

Muette, les yeux fixes démesurément écarquillés, Pasangma demeura pendant un long moment clouée au sol, puis elle se mit à courir, droit devant elle, jusqu'à ce que, loin du lieu du sinistre spectacle, elle tombât inerte sur le sol.

CHAPITRE III

ENTIÈREMENT absorbé par sa volonté de rejoindre l'assassin de son Maître et de récupérer la turquoise miraculeuse, Munpa Dés-song avançait à grands pas dans les solitudes illuminées par un soleil radieux; de-ci, de-là, de gros rats sans queue, que les Tibétains désignent par le sobriquet de *gömpchén*[1], debout au seuil de leur terrier, le regardaient s'approcher puis, soudain, replongeaient sous terre. De loin, un groupe de *kyangs,* têtes dressées, épièrent ses mouvements pendant quelques minutes, et s'apercevant qu'il ne se dirigeait pas de leur côté, se remirent tranquillement à paître.

Mais Munpa passait sans rien voir, sans rien sentir de la vie chaude et vibrante que les rayons ardents du soleil répandaient sur l'immensité des Tchang thangs; il marchait automatiquement vers un but : le campement de Lobzang. Il ne pouvait pourtant pas espérer l'atteindre le soir même. La course qu'il avait fournie la veille, lourdement chargé des provisions qu'il apportait à l'ermite, l'émotion ressentie en le trouvant mort, pesaient sur ses forces; il venait encore de marcher toute la journée sans s'arrêter, sans manger ni boire. Le soir venant, il se laissa tomber, exténué, auprès d'un ruisseau.

L'excitation causée par la marche s'apaisant et la brise nocturne rafraîchissant son front enfiévré, Munpa recommença à penser. Une foule d'idées, désordonnées, incohé-

[1]. Parce qu'ils ont l'habitude de s'asseoir tout droits et immobiles à l'entrée de leurs terriers en regardant fixement le soleil comme s'ils étaient plongés dans la contemplation, comme les *gömpchén*-ermites.

rentes, surgissaient en lui, reflétant des conceptions superstitieuses, évoquant des images fantastiques toutes centrées sur la turquoise mystérieuse, qui, depuis des générations, reposait, invisible, dans le reliquaire porté, tour à tour, par chacun des Odzérs, héritiers spirituels du grand magicien Gyalwai Odzér.

Elle se transmettait de Maître à disciple lorsque le Maître touchait à ses derniers moments et, avec elle, c'était probablement sa vie même que le mourant transférait au disciple choisi pour lui succéder [1]. Oui, il devait en être ainsi, se disait Munpa, la turquoise, jadis apportée dans notre monde par un *nâga* contenait la « vie » des Odzérs successifs. Cependant, le dernier d'entre eux ne l'avait pas transmise volontairement en renonçant à la vie dans son enveloppe corporelle vieillie : on la lui avait arrachée.

Munpa continuait à réfléchir.

N'était-ce pas, se demandait-il, sa séparation d'avec la turquoise qui, bien plutôt que le coup qui avait brisé sa tempe, avait causé la mort d'Odzér ?... Et, s'il en était ainsi, cette vie mystérieuse qui résidait dans la turquoise s'y trouvait encore. Elle s'était certainement refusé à transmigrer dans la personne indigne d'un voleur assassin. Alors, lui, Munpa, quand il aurait recouvré le reliquaire, le rapporterait à l'ermitage. Il le rattacherait à la cordelette rompue, le replacerait sur la poitrine de son Maître sous les plis de sa toge monacale et Odzér, revenant à la vie, se dresserait devant son siège de méditation, étendant les bras et posant ses deux mains sur sa tête pour le bénir.

La haute figure de l'ermite ressuscité se dressait, nette et lumineuse, sur le mur de ténèbres que la nuit avait élevé autour de Munpa. Des vagues d'ardente dévotion déferlaient sur lui et le submergeaient ; dans son ivresse mystique il se sentait emporté comme un fétu de paille sur

---

1. Cette idée était basée sur la croyance, courante parmi les Tibétains, que le principe vital d'un individu peut résider dans un objet inanimé, dans un animal ou dans un végétal. En langage populaire l'on dit : Ce roc, cet arbre, cet oiseau est « la vie » de ce *lama*, de ce chef, d'un tel ou d'un tel. Toute détérioration du roc, toute maladie ou tout accident survenant à l'arbre ou à l'animal se répercute sur la vitalité de l'individu dont celui-ci est « la vie » et leur destruction ou leur mort entraîne généralement celle de l'individu dont le principe vital est lié au leur.

les eaux impalpables d'un océan infini et roulé, par elles, dans le gouffre sans fond d'un anéantissement bienheureux.

Vaguement, il esquissa ou, plutôt, imagina le geste d'une prosternation, puis, brisé par la fatigue et l'émotion, il retomba sur le sol et s'endormit.

Le lendemain, Munpa Dés-song arrivait aux tentes de la famille de Lobzang. Une déception l'y attendait : Lobzang avait quitté le campement une dizaine de jours auparavant. Ses frères n'étaient pas informés de ses déplacements mais ils supposaient qu'il pouvait avoir accompagné à Sining des marchands chinois qui s'y rendaient, transportant de la laine et du beurre, et avaient, paraissait-il, manifesté le désir d'embaucher un homme en remplacement d'un de leurs muletiers tombé malade. D'une visite que Lobzang aurait projeté de rendre à Gyalwai Odzér, ni ses frères ni aucun de ses amis habitant les tentes voisines ne l'avaient entendu parler.

Les suppositions concernant l'embauchage de Lobzang comme muletier temporaire ne reposent sur aucun fait solide, se dit Munpa. Les frères de Lobzang ont entendu dire que des marchands passant dans leurs parages ont engagé les services d'un *dokpa* et déduit de là que ce *dokpa* pouvait être leur frère absent du campement, mais il ne s'agissait certainement pas de Lobzang, puisqu'il s'était rendu à l'ermitage. Quant à être parti pour Sining avec l'intention d'y vendre la turquoise, la chose était possible, même probable. C'était donc à Sining qu'il devait aller chercher le criminel.

Sining, pour un pasteur des solitudes, est une grande ville, une ville immense. Munpa y avait été plusieurs fois, mais à chacune de ses visites il s'émerveillait de la variété des spectacles qui s'offraient à lui : les rues parcourues par une foule affairée et bruyante, les nombreuses boutiques étalant tant d'articles divers : choses bonnes à manger, tissus convenant à la confection de vêtements cossus, porcelaines, ustensiles en métal, tant d'objets dont l'usage lui demeurait imprécis mais qu'il devinait propres à rendre la vie plus agréable, tant de choses coûteuses, si coûteuses qu'il ne songeait même pas à en estimer le prix et qui devaient rester à jamais hors de la portée d'un pauvre *dokpa* des Tchang thangs.

Cependant les rêveries qui sollicitaient Munpa ne lui faisaient pas oublier le but de son voyage.

Comment s'y prendre, se demandait-il, pour retrouver Lobzang parmi la foule grouillante au milieu de laquelle il errait? Le voleur criminel devait avoir hâte de toucher le bénéfice de son forfait en vendant la turquoise, celle que, sans l'avoir jamais vue, tous s'accordaient à décrire comme étant d'une grosseur anormale, plus bleue et plus lumineuse que les eaux du grand lac Bleu d'où elle avait surgi jadis dans la main d'un *nâga*.

Lequel de ces marchands dont les boutiques s'ouvraient le long des rues pouvait être capable d'acquérir pareille gemme? Aucun sans doute; ils n'étaient que trafiquants vulgaires, mais d'autres qu'eux existaient, des marchands de haut rang qui traitaient d'importantes affaires avec les chefs, les gouverneurs, les rois, avec le grand souverain de toute la Chine qui vivait très loin de Sining, à Pékin, dans un palais semblable à ceux des dieux que les artistes tibétains peignent sur la toile des *tankas* et sur les murs des temples. Où vivent-ils, ces marchands, se demandait Munpa, et comment parvenir à s'enquérir auprès d'eux d'un *dokpa* venu leur offrir une pierre inestimable?

Timidement Munpa s'était aventuré à s'informer auprès de quelques-uns de la demeure d'un très grand marchand. La plupart avaient ri de sa demande, d'autres lui avaient indiqué de vastes boutiques remplies de denrées ou de tissus et Munpa, désolé, pressentait que ce n'était point là que se traitaient les affaires concernant des joyaux.

Des craintes lui venaient, aussi. Certains de ceux à qui il s'était adressé ne l'avaient-ils pas regardé d'un œil soupçonneux?... Des motifs suspects pouvaient être attribués à son enquête. Qu'avait-il à faire avec un « grand marchand »? Le pauvre *trapa* que son apparence dénotait ne ressemblait en aucune façon à un homme ayant à effectuer des transactions importantes...

Près d'un mois s'était déjà écoulé depuis qu'il avait quitté l'ermitage de Gyalwai Odzér. Personne n'y était-il allé après lui? Sans doute nul ne s'étonnerait en ne voyant pas le *gömpchén* qui s'enfermait fréquemment pour de longues périodes. Mais lui, son disciple chargé de le servir, de lui porter ses repas, de défendre sa porte contre les visiteurs importuns, pourquoi ne le voyait-on pas?... Et si l'un ou l'autre des disciples ou des bienfaiteurs de l'ermite s'alarmait de cette situation singulière, s'enhardissait à ouvrir la porte de l'ermitage, et découvrait *ce* qui s'y trouvait? Son absence à lui, Munpa, après que beaucoup l'avaient vu retourner vers son Maître chargé de provisions, ne l'accuserait-elle pas? Ceux qui lui avaient donné de l'argent pour être remis à Odzér ne manqueraient pas d'en parler. Où était cet argent, où était une ample part des meilleures provisions recueillies parmi les *dokpas?* Il se les était appropriés. Dans un but excellent, pour accomplir son devoir, évidemment; il ne se reprochait rien, mais d'autres verraient les choses autrement. Il avait cru trouver Lobzang à son campement, pouvoir l'accuser, produire la preuve de son crime. C'était affaire de peu de jours, mais il n'avait pas rencontré Lobzang et du temps s'était écoulé. Son départ pour Sining donnerait un aliment aux soupçons et la justice des *dokpas* ne s'embarrasse pas de minutieuses investigations : elle est sommaire et prompte.

Il ne devait donc pas songer à regagner le Tso-Nieunpo avant d'avoir saisi Lobzang, porteur de la turquoise ou convaincu de l'avoir vendue... La turquoise miraculeuse se laisserait-elle vendre?... Munpa, dont l'esprit était nourri d'histoires de prodiges, en doutait... Pourtant, la gemme provenant du trésor des *nâgas* et apportée par l'un d'eux n'avait-elle pas laissé s'accomplir l'assassinat de son légitime possesseur, le très saint, très puissant Gyalwai Odzér, docte en tous les arts occultes? Ces contradictions constituaient un problème trop compliqué pour le cerveau du simple Munpa. Il aimait mieux le résoudre en ajoutant un prodige de plus à la longue liste de tous ceux qui hantaient sa mémoire : Gyalwai Odzér *n'était pas mort;* il n'en montrait que les apparences pour des raisons connues de lui. Dès que la turquoise lui aurait été rapportée, il se lèverait, plus vigoureux que jamais, enrichi de tout le supplément de savoir que son esprit [1] aurait acquis pendant son séjour parmi les dieux, tandis que son corps demeurait inerte sur son siège de méditation.

---

1. Je suis obligé d'écrire « esprit » faute d'un autre mot en un langage européen; le terme tibétain est *rnam shés,* c'est-à-dire *le principe conscient.*

Revenant à des considérations plus réalistes, Munpa se dit qu'il appartenait au clergé et qu'il valait mieux pour lui se rapprocher de ses collègues et se faire aider par eux. Nombre d'entre les *trapas* font du commerce, certains sont riches et ont des relations commerciales étendues. Il ne confesserait certainement pas toute la vérité concernant la turquoise, son voleur, et surtout il tiendrait secret l'assassinat du *gömpchén,* mais il inventerait une histoire et, en s'y prenant adroitement, pourrait atteindre son but. Munpa ne doutait pas qu'il fût malin, ce en quoi il s'illusionnait passablement.

La proximité du célèbre monastère de Kum Bum, distant d'à peine quarante kilomètres de Sining, facilitait le projet de Munpa. Il se rendit à Kum Bum.

Fut-ce un effet de cette habileté en laquelle il avait foi, ou la chance le favorisa-t-elle? Dès le jour de son arrivée, il se vit offrir un gîte par un *trapa* aisé, propriétaire d'une maisonnette dans le monastère [1].

Munpa se présenta à lui comme un pèlerin désireux de vénérer le lieu de naissance de Tsong Khapa et l'arbre merveilleux dont les feuilles portent des images [2]. En même temps, disait-il, il devait rechercher un Tibétain peu

---

1. Il a été expliqué en détail dans divers livres d'A. David-Neel que les monastères tibétains (les *gompas*) ne ressemblent en rien aux monastères catholiques. Une *gompa* est, suivant ses dimensions, une ville ou un village exclusivement habité par des membres du clergé. Ceux-ci ne font ni vœu d'obéissance, ni vœu de pauvreté. Suivant l'état de leur fortune personnelle, des revenus que leur procure leur industrie ou des subventions que leur accorde leur famille, leur train de vie est différent. Les membres des monastères ne vivent pas en commun. La *gompa*, qui est souvent entourée de murs, comprend des rues, des avenues, et le long de celles-ci s'élèvent des demeures de tout genre dont les propriétaires sont moines de la *gompa*. Dans ces habitations, des somptueux palais des *lamas-tulkous* ou autres dignitaires jusqu'aux humbles maisonnettes des religieux pauvres, chaque *trapa* vit indépendant, mangeant chez lui, dormant chez lui, étudiant ou travaillant chez lui, tenu seulement par la règle à assister aux assemblées générales du matin et du soir et à être rentré avant le coucher du soleil dans l'enceinte du monastère.
2. D'après la tradition, un arbre poussa miraculeusement à l'endroit où Tsong Khapa naquit. Quelques années plus tard, des images et des mots écrits apparurent sur les feuilles de cet arbre. Des rejetons de celui-ci existent toujours à Kum Bum où l'auteur du présent livre les a vus au cours d'un séjour de plusieurs années qu'il fit dans ce célèbre monastère. Le nom tibétain de Kum Bum (sku hbum) signifie « cent mille images ».

scrupuleux à qui une veuve avait confié un collier de boules d'ambre et de *zi* [1] avec mission de le vendre et d'employer l'argent reçu à l'achat de quelques *tankas* et d'une collection de livres religieux qu'elle souhaitait placer dans son *lha khang* [2]. Or le drôle ne donnait point de ses nouvelles, la veuve n'avait reçu ni *tankas* ni *livres* et, quant au beau collier d'ambre et de *zi*, elle ne savait ce qu'il était devenu et craignait le pire.

L'histoire débitée par Munpa présentait toutes les apparences de la réalité, des méfaits du genre de celui qu'il décrivait ne sont pas rares en pays tibétain et Munpa, commis à la recherche du collier et de son voleur, faisait figure de personnage sympathique; du moins il n'inspirait aucun soupçon. A part lui, il se félicitait de l'idée qu'il avait eue de substituer, dans son petit roman, un collier d'ambre et de *zi* à la turquoise. En effet, enquêtant ouvertement à propos de ce précieux collier, il pourrait approcher de grands marchands. Ceux d'entre eux qui traitent des affaires concernant des boules d'ambre ou de *zi*, indubitablement s'intéressent, aussi, aux turquoises. Et le brave Munpa, rassuré et voyant des horizons s'ouvrir devant lui, s'établit chez son hôte, dans une remise où celui-ci entassait des balles de laine, des sacs de farine, de *tsampa* et divers autres articles de commerce.

Le gîte lui était offert, c'était beaucoup, mais ne suffisait pas : il fallait manger. Suivant la coutume, pour se faire bien voir et éviter de paraître nécessiteux, Munpa avait offert à son hôte une partie du beurre emporté du Tso-Nieunpo. Il devait ménager le reste de ses provisions et surtout sa petite réserve d'argent pour continuer son voyage à la recherche de Lobzang.

Sa bonne étoile continuant à le protéger, il se trouva qu'un autre *trapa*-négociant, ayant reçu quelques beaux chevaux et manquant de domestiques pour les soigner, les mener boire à la rivière et les promener, s'avisa qu'un *dokpa* convenait parfaitement à cet emploi : il offrit à Munpa de le nourrir en échange de ses services. Le poste plut à Munpa. En sortant avec les chevaux il rencontrerait du monde, glanerait sans doute des informations utiles.

---

1. *Zi* (gzi) : une espèce d'agate.
2. Littéralement : « maison des dieux » — un oratoire.

Dès le lendemain il étrillait les bêtes dans l'écurie du *trapa*-maquignon.

Peu à peu, Munpa se reprenait à la vie monastique. Le monastère auquel il appartenait n'était qu'un misérable groupe de quelques masures bâties autour d'un hall primitif servant de temple et de salle de réunions. Néanmoins la routine quotidienne ressemblait, en beaucoup moins pompeux, à celle du glorieux monastère de Kum Bum, abritant une population de plus de trois mille moines. Il était loisible à Munpa de solliciter son admission parmi ceux-ci; comme eux il appartenait à la secte des *Gelugspas*. Son admission lui aurait permis de s'asseoir dans le grand hall des assemblées et d'avoir part aux distributions de thé qui s'y faisaient. Étranger à la communauté, il devait se contenter de demeurer sous le péristyle et d'y tendre son bol lorsque, après avoir effectué leur distribution à l'intérieur du bâtiment, les moines chargés de cet office sortaient, rapportant aux cuisines leurs baquets au fond desquels ne demeurait qu'un restant de thé sans beurre.

Munpa s'en contentait facilement, apportant un petit sac de *tsampa* qu'il humectait de ce thé maigre et pétrissait en boulettes pour son déjeuner. Deux repas substantiels lui étaient fournis au cours de la journée par le *trapa*-maquignon dont il soignait les chevaux. Il s'estimait suffisamment heureux et, songeant toujours à poursuivre Lobzang et à retrouver la turquoise, il préférait conserver sa pleine liberté de quitter Kum Bum quand il le désirerait. Le désirait-il?... Peut-être confondait-il, en toute sincérité, la voix de ses appétits physiques avec celle du devoir.

Le souvenir de son Maître assassiné s'imposait toujours à lui et chaque soir, se tournant dans la direction de l'ermitage, au-delà du grand lac Bleu (le Tso-Nieunpo), il se prosternait dévotement en récitant les formules consacrées d'hommage au *gourou,* mais son corps charnel, son corps d'animal, jouissait de la quiétude douillette de la remise imperméable au vent dans laquelle il dormait entre des balles de laine, et de la soupe de nouilles avec des tranches de viande qu'on lui servait chaque soir.

Néanmoins, il n'avait pas interrompu son enquête. Aucun des *lamas* opulents résidant à Kum Bum ou des trapas s'adonnant au commerce n'avait connaissance d'un collier de boules d'ambre et de *zi* offert en vente par un *dokpa*. Incidemment, Munpa avançait d'autres questions concernant les turquoises. Des gens en achetaient-ils, en vendaient-ils à Kum Bum? Il posait ces questions d'un ton détaché. Tous les Tibétains admirent les turquoises, elles sont serties dans les bijoux dont les statues des déités sont parées, aussi bien que dans les joyaux des femmes et les objets d'orfèvrerie. Parler de turquoises en général n'était point compromettant, et c'était toujours aux boules d'ambre qu'il en revenait.

Alors, un jour, un *trapa* lui donna un conseil.

— Votre voleur, lui dit-il, a dû s'en aller loin pour tenter de vendre le collier et pour éviter qu'il puisse être reconnu, il l'aura probablement défait afin d'en offrir les boules d'ambre et de *zi* séparément. Vous pourriez tenter de chercher sa trace à Landou[1]. Il peut avoir appris qu'il y vient des Mongols riches, des princes qui achètent des pierres et des bijoux. Ils n'apprécient pas autant que les Tibétains, l'ambre et le *zi* — ils aiment surtout les perles, les turquoises et le corail — mais, qui sait? votre homme peut avoir rencontré un marchand qui lui en aura acheté. Seulement les Chinois sont rusés, il ne faut pas compter que l'acheteur vous renseigne s'il apprend que les articles qu'il a acquis ont été volés.

— Je serai adroit, répliqua Munpa toujours convaincu de son habileté.

A part lui il pensait : que je retrouve Lobzang, c'est tout ce qu'il me faudra, je saurai le contraindre à avouer ce qu'il a fait du reliquaire contenant la turquoise.

Il annonça au *trapa* qui l'hébergeait et à celui dont il soignait les chevaux qu'il comptait partir pour Landou.

— Attends un peu, lui dit ce dernier. Je vais envoyer quelques chevaux à Landou, tu accompagneras l'homme qui les conduira.

Cette proposition plut à Munpa. Jusqu'à ce moment, il n'avait pas touché à l'argent qu'il avait emporté en quittant l'ermitage d'Odzér, mais rien ne pouvait l'assurer

---

1. *Landou* est la prononciation chinoise du nom de la capitale du Kansou que les Français orthographient Lang Tchéou et les Anglais Langchow.

que, par la suite, il trouverait encore le moyen de se faire loger et nourrir sans qu'il lui en coûtât rien. Il convenait donc qu'il touchât le moins possible à sa petite réserve. Ce qui le contrariait, c'était de devoir attendre. Le temps passait; où Lobzang était-il allé, tandis que lui s'attardait?

En fait, le pauvre Munpa était complètement désorienté, il avait cru surprendre le voleur à son campement et, son espoir ayant été déçu, il était incapable de concevoir aucun plan intelligent et ne pouvait qu'errer à l'aventure.

Toutefois, il ne se rendait que très imparfaitement compte de sa situation, sa foi en la turquoise miraculeuse, dans le pouvoir résidant en elle et en celui de son Maître que, bien qu'il l'ait vu mort, il persistait à croire vivant, cette foi demeurait entière et par moments l'animait d'une ardeur qui le jetait dans des états d'ivresse mystique confinant au ravissement des saints contemplatifs.

La stupéfaction admirative que Sining causait à Munpa, l'homme des pâturages solitaires, se mua en ahurissement lorsqu'il arriva à Landou. Qu'était le grouillement du peuple dans les rues de Sining en comparaison de ce flot épais de gens qui emplissait celles de Landou? Et combien nombreuses étaient ces rues coupées par des places, des carrefours et par le large Fleuve Jaune? Et que de boutiques regorgeant de marchandises, que de maisons somptueuses, de palais dont on apercevait les toits ornés de dragons, pointant au-dessous des murailles, au milieu de vastes enclos que l'on devinait renfermer des jardins fleuris, que de temples, demeures de multitudes de déités dont les images s'estompaient à travers les nuages odoriférants des innombrables bâtonnets d'encens brûlant sur leurs autels! Oh! Landou! merveille des merveilles! pensait le naïf rustaud des hauts alpages.

Son compagnon l'avait logé dans un caravansérail où s'arrêtaient les voyageurs venant de la Mongolie et du Turkestan avec de longues files de mules et de chameaux et, sur sa recommandation, le patron du lieu avait offert à Munpa gîte et nourriture comme salaire de l'aide qu'il lui donnerait pour ranger les bagages de ses clients et s'occuper de leurs bêtes.

Une fois encore la chance favorisait Munpa. Il ne toucherait pas à sa réserve d'argent. Cela était bien, très bien, certes, mais ce n'était pas pour devenir garçon d'écurie qu'il avait quitté le Tso-Nieunpo. Il avait une mission, une tâche, un impérieux devoir à remplir. L'image de son Maître roide sur son siège de méditation et celle, très imprécise, d'une turquoise qu'il n'avait jamais vue recommençaient à le hanter.

Une aventure fâcheuse tira Munpa de ses rêveries. Le pauvre pasteur des solitudes, désemparé au milieu d'un monde affairé qui lui était étranger, avait fini par s'adresser, au hasard, de-ci de-là, aux commerçants dont les boutiques lui paraissaient les mieux fournies en articles de prix. Leur avait-on offert en vente un collier ou des boules d'ambre et de *zi* séparées? Quelques-uns, occupés d'autre part, se bornèrent à l'éconduire sommairement; d'autres, comprenant mal le mauvais chinois dans lequel il leur parlait et se méprenant sur ses intentions, le prirent pour un acheteur et lui montrèrent des boules d'ambre et de *zi*. Puis, comprenant leur erreur ils le mirent à la porte. La vue de tant d'ambre et de tant de *zi* découragea Munpa. Nombreux devaient être les vendeurs et les acheteurs que ces articles intéressaient; ils ne devaient pas attirer l'attention. D'ailleurs, Lobzang n'avait volé ni ambre ni *zi*, mais une turquoise. L'histoire du collier n'avait été qu'une ruse sotte et inutile. Ayant débuté en s'enquérant au sujet d'un collier, il lui était difficile, maintenant, de dire qu'en vérité il recherchait une turquoise et son voleur. Il s'y risqua pourtant, pensant que le temps qui s'écoulait rendrait leur découverte de plus en plus difficile, l'oubli se faisant sur eux.

Tandis qu'il se trouvait dans le magasin d'un notable commerçant et que, faute de vouloir lui confier toute la vérité quant à l'origine de la turquoise qu'on aurait pu chercher à lui vendre, il s'embarrassait dans des explications invraisemblables, il ne remarqua pas les signes que son interlocuteur adressait à un de ses commis. Ce lui fut une terrifiante surprise lorsqu'il vit surgir à ses côtés deux soldats en armes qui le traitèrent de voleur et se mirent en devoir de l'emmener.

Le premier mouvement de Munpa, dicté par son instinct de libre enfant des solitudes sauvages fut de résister. Les fluets soldats chinois n'étaient pas de force à soutenir le choc de ses poings robustes. Munpa les envoya tous deux se heurter en titubant contre les comptoirs et les étagères de la boutique. Il gagnait déjà la porte, mais pendant sa courte lutte les commis avaient eu le temps de jeter une planche en travers de celle-ci. Leurs cris avaient aussi attiré une foule, la foule chinoise à tout moment prête à s'amasser dans les rues populeuses. Soldats et commis criaient « au voleur ». Le pauvre Munpa, agrippé par des douzaines de mains, fut renversé sur le sol. Les soldats ayant repris leur aplomb arrivaient, ils le relevèrent à coups de pied et l'entraînèrent vers la prison. Il s'expliquerait plus tard devant le magistrat, quand celui-ci aurait le loisir de l'interroger... Plus tard... un jour ou l'autre...

Munpa, la tête douloureuse et le corps meurtri par les coups qu'il avait reçus, s'effondra sur le sol de terre battue d'une vaste pièce dans laquelle les soldats l'avaient brutalement poussé. Une cinquantaine d'hommes loqueteux qui s'y trouvaient l'examinèrent sans sympathie, et quelques-uns lui posèrent des questions auxquelles il était trop ahuri pour répondre.

On l'avait pris pour un voleur! Qu'allait-il lui arriver?...

Il n'arriva rien. Brisé, tant par le traitement brutal qui lui avait été infligé que par les émotions ressenties, Munpa s'endormit pesamment.

Il faisait grand jour au-dehors quand il s'éveilla, mais les rares et étroites ouvertures percées dans les murs de la prison n'y laissaient pénétrer que peu de lumière, et c'est dans une demi-obscurité que Munpa discerna le grouillement de ses compagnons bavardant ensemble ou sérieusement occupés à faire la chasse aux poux dans les coutures de leurs guenilles. Certains d'entre eux ne tuaient pas les bestioles capturées, se contentant de les jeter dans la cour à travers les trous-fenêtres, ou de les poser tranquillement à côté d'eux, d'autres, moins compatissants, les tuaient, mais tous, sans exception, écrasaient les œufs en mordillant les coutures et les plis de leurs hardes.

Les Tibétains font de même; ce spectacle n'intéressait pas Munpa. Il guettait l'arrivée de quelque nourriture.

N'allait-on pas leur distribuer à manger? Hélas! non. Les Chinois ne nourrissaient pas leurs prisonniers [1]. Cette coutume économique est également celle du Tibet. Toutefois, Munpa avait espéré mieux des autorités d'une cité aussi opulente que Landou; il était tristement déçu. Mais un robuste pasteur du Tso-Nieunpo ne se laisse pas abattre pour si peu. Il n'y a pas de situation, si difficile soit-elle, dont on ne puisse se tirer avec un peu d'argent, pensa-t-il. Or il avait sur lui sa petite réserve, il s'en servirait pour se procurer des vivres. Cependant il ne s'aventurerait pas à l'exhiber devant la compagnie douteuse à laquelle son mauvais sort l'avait si fâcheusement associé; d'abord, il voulait voir comment ses codétenus obtenaient leur nourriture.

Des gens, parents ou amis des prisonniers se montrèrent aux ouvertures percées dans les murs, appelèrent tour à tour l'un ou l'autre des hommes et leur passèrent, à l'un une portion de riz, à un autre un peu de soupe aux nouilles, à un troisième un morceau de pain. Quelques-uns reçurent, en plus, un peu de légumes salés en guise de condiments et quelques autres, faute d'âmes compatissantes s'intéressant à eux, ne reçurent rien. D'entre ceux-là, les plus chanceux se virent offrir le fond de la tasse de soupe d'un camarade favorisé ou une bouchée de son pain. La matinée s'avançant, les visiteurs se firent plus rares, puis aucun ne se montra plus. Les étroites trouées de la muraille béaient sur le grand ciel vide et la cour déserte était gardée par des fonctionnaires armés, précaution supplémentaire contre de bien improbables évasions : la plupart des prisonniers avaient les fers aux pieds.

Munpa continuait à jeûner.

Des voix criardes de cuisiniers ambulants retentirent dans la cour. Un mouvement se produisit parmi les prisonniers. Quelques-uns tirèrent des sapèques et de gros sous [2] des poches de leurs robes loqueteuses et s'approchèrent des ouvertures. La tête d'un marchand s'encadra dans l'une de celle-ci; peu après une autre intercepta la

---

1. Du moins il en était ainsi jusqu'à l'avènement du nouveau régime. On dit qu'actuellement, les prisonniers sont nourris.
2. Ces deux monnaies étaient encore en usage au temps où se passent les faits narrés dans ce livre.

lumière un peu plus loin. Ceux des miséreux qui possédaient du numéraire s'approchèrent et des colloques s'engagèrent : « Combien une saucisse ? » demandaient les richards de la compagnie. « Combien un bol de soupe ? » Des piécettes furent passées aux marchands et leurs heureux possesseurs mangèrent.

Munpa jeûnait. Il n'avait pas de menue monnaie, rien que des morceaux d'argent dont le plus minime avait trop de valeur pour être exposé aux regards d'individus dont il ne manquerait pas d'éveiller la convoitise. On le volerait, on le battrait pour s'en emparer. Qui sait, la nuit venue, on le tuerait peut-être ?

— Alors, tu n'as pas mangé ? demanda un des prisonniers, s'arrêtant près de lui.

— Non.

— N'as-tu pas, à Landou, des parents ou des amis qui puissent t'apporter quelque chose ?

— Non.

Munpa ne voulait à aucun prix que son employeur apprenne qu'il était en prison. Ce n'était pas que le fait d'être retenu enfermé l'affligeât profondément. Ce qui le rendait enragé, c'était d'avoir été vaincu, pris au piège, et cela par des Chinois. Car si les Chinois regardent de haut les sauvageons vivant sous leurs tentes noires dans les hauts alpages, ces derniers leur rendent amplement leur mépris. Celui-ci s'exprime en des termes qui éclairent d'une vive lumière la mentalité des *dokpas :* « Les Chinois ne peuvent qu'être des voleurs » disent-ils, « ils sont capables d'être des brigands ».

L'immense supériorité du *djagpa,* le détrousseur de caravanes, le héros des razzias, cavalier de grande race et tireur à l'œil perçant dont les balles manquent rarement leur but, s'affirme incontestablement, dans l'esprit d'un Tibétain, sur le *kouma,* le voleur rusé, adroit à ourdir des trucs et manquant généralement de bravoure. Le *kouma* est l'homme de l'ombre, le *djagpa,* le « brave au cœur puissant [1] » dont la stature s'auréole de soleil. Munpa était un *trapa,* membre du clergé, mais il se sentait capable d'être du *djagpa* et, en tout cas, il conservait en un coin

---

1. *Gning to tchénpo* (sging stob tchénpo) : expression tibétaine populaire.

de son cœur une secrète admiration pour ces prestigieux spécimens de la race à laquelle il appartenait.

Le gueux compatissant qui l'avait interpellé s'affligea de la double négation qui lui était opposée.

« Pas mangé... pas d'amis », marmotta-t-il. Puis il entreprit de consoler son frère d'infortune.

« Demain matin le *hochan*[1] viendra. C'est son jour. Il distribuera des pains, du riz, peut-être autre chose. Approche-toi de lui dès qu'il entrera et parle-lui. Il est moine d'un monastère dont le chef est puissant; le magistrat l'écoutera s'il lui demande de te relâcher. Prie le *hochan* de parler de toi à son Supérieur. »

Munpa remercia le prisonnier pour le renseignement qu'il lui avait fourni et se promit d'en faire usage en temps voulu, puis, toujours à jeun, il s'allongea par terre, dans un coin, et, grâce à l'heureuse faculté que possèdent les hommes primitifs et les animaux de dormir quand aucun besoin ne sollicite leur activité, le sommeil lui apporta bientôt l'oubli de ses ennuis.

**

Le moine délégué d'un important monastère de la secte *Ts'an*[2], chargé de la distribution des aumônes, était autorisé à entrer dans les locaux occupés par les prisonniers. Vers le milieu de la matinée un des geôliers lui ouvrit la porte de la salle où se trouvait Munpa. Celui-ci, éveillé depuis l'aube, guettait son arrivée, décidé à se précipiter au-devant de lui dès qu'il apparaîtrait, mais un étonnement confinant à la stupeur l'immobilisa à la vue du groupe qui s'avançait lentement. Le *hochan* flanqué de deux gamins, ses acolytes, portant les vivres à distribuer, représentait exactement un personnage comique des représentations théâtrales données par les *lamas*.

Ce personnage de farce rappelle le souvenir d'une célèbre controverse philosophique qui eut lieu au Tibet sous le règne de Tison dé Tseng (Khri srong ldé

---

1. Moine chinois.
2. La secte de méditation. Celle dont les doctrines furent importées en Chine par Bodhidharma, un bouddhiste indien de caste brahmine qui débarqua à Canton en 520. Cette secte est connue au Japon sous le nom de *Zen*. Ses adeptes se recrutent parmi l'élite intellectuelle.

btsen [1]) entre un religieux chinois prêchant la doctrine du
« non-agir » et Kamasila, un Maître indien adepte du
bouddhisme tantrique. La lecture des chroniques se rapportant à cet épisode porte à conclure que la doctrine
exposée par le Chinois était, du point de vue intellectuel,
très supérieure à celle soutenue par Kamasila, mais elle ne
répondait ni au goût du souverain qui présidait au débat ni
au goût des auditeurs, et Kamasila fut déclaré vainqueur.
Le Chinois, avec quelques-uns des disciples, retourna en
Chine.

Depuis des siècles, ce philosophe incompris est ridiculisé
dans toutes les *gompas* tibétaines. Au cours de la grande
représentation théâtrale annuelle, il apparaît personnifié
par un acteur vêtu d'une robe chinoise de couleur jaune or,
portant un grand masque représentant une face plus large,
plus plate et plus jaune que nature, souriant avec une
indicible expression de placidité niaise et béate. Le *hochan*
est accompagné par une demi-douzaine de petits garçons,
ses pareils en plus petit, figurant des disciples et portant
des encensoirs qu'ils balancent de temps en temps devant
lui. L'impassibilité des masques figés dans leur immuable
expression grotesque quels que soient les mouvements
effectués par les acteurs produit un effet irrésistiblement
comique pour la plus grande joie des spectateurs.

Munpa s'était maintes fois trouvé au nombre de ceux-ci
et, en voyant paraître le groupe des Chinois qui rappelait si
exactement celui de la farce tibétaine, il fut secoué par un
retentissant éclat de rire.

Tous les prisonniers tournèrent vers lui des regards
étonnés et interrogatifs. Le moine conservait l'impassibilité
de commande à laquelle il était entraîné et qui accentuait
encore sa ressemblance avec le *hochan* dont s'amusaient
les foules tibétaines, mais ses deux jeunes compagnons
dirigèrent vers l'auteur de cette hilarité des yeux écarquillés, tandis que le tortillement de leurs lèvres indiquait un
violent effort pour réprimer une pressante envie de rire.

Munpa comprit immédiatement combien son attitude
était choquante et craignit que le Chinois offensé ne lui
refusât l'aumône qu'il espérait. Avec une grande présence
d'esprit il s'approcha de lui, expliquant :

---

1. Qui naquit en 641.

— C'est la joie de voir de la nourriture. Il y a plus de deux jours que je n'ai rien mangé.

Le moine fut-il apitoyé par cette déclaration? Il n'en laissa rien paraître mais il remplit un bol de soupe, posa sur lui une large galette, et tendit le tout à Munpa.

— N'as-tu aucun parent ou un ami à Landou? interrogea-t-il. Je pourrais le faire prévenir que tu es ici. Il t'apporterait à manger.

— Je n'ai personne, répondit Munpa.

— Tu es un *Sifan,* constata le *hochan.*

L'appellation *Sifan* n'est pas du tout flatteuse, dans le sens où les Chinois l'emploient, et désigne un habitant d'une région barbare.

— Je suis un Tibétain, rectifia Munpa. Un *lama,* ajouta-t-il donnant, comme il est habituel dans le langage courant, au titre de *lama* la signification étendue de membre du clergé tibétain [1].

Le mot *lama* parut éveiller un soupçon d'attention chez l'impassible *hochan.*

— Combien de temps le magistrat a-t-il ordonné que tu restes emprisonné? demanda-t-il.

— Je n'ai pas vu le magistrat, je ne sais pas ce qu'il commandera, répondit Munpa.

Puis voyant que le moine se disposait à répartir les aumônes sans s'occuper davantage de lui, il hasarda une requête :

— J'ai un petit morceau d'argent : si je pouvais le changer pour des *tongtses* [2], j'achèterais demain de quoi manger aux marchands qui passent dans la cour.

— Donne le morceau d'argent, dit laconiquement le *hochan* en indiquant un de ses acolytes qui tendit la main pour recevoir ce que Munpa lui passerait.

Au cours de la nuit, en vue d'un échange possible, celui-ci avait séparé de sa réserve le plus petit des

---

1. Le terme *lama* (blama) signifie : supérieur, excellent. Seuls y ont véritablement droit les membres de l'aristocratie ecclésiastique constituée par les *tulkous* (sprul sku), ceux que les étrangers dénomment incorrectement des « Bouddhas vivants ». Par extension, le titre de *lama* est aussi donné aux chefs des grands monastères et à d'éminents érudits. La masse des moines se compose de *trapas,* terme signifiant : étudiant, écolier. Toutefois, l'appellation *lama* est prodiguée, par courtoisie, à tous ceux des moines qui occupent une situation quelque peu distinguée.

2. Des sous chinois.

morceaux d'argent[1] qu'elle contenait. Il le tendit au moinillon, en déclarant de façon à être entendu de tous et en accompagnant ses paroles d'un soupir désolé :

— C'est tout ce que je possède.

— Demain matin, tu auras de la nourriture et des *tongses,* déclara le moine en donnant à Munpa une galette supplémentaire; puis il vaqua à la distribution des aumônes et, cela fait, s'en alla raide et grave, suivi des gamins qui l'escortaient, avec leurs paniers vides, en imitant son attitude.

— Là, tu vois que mon conseil était bon, dit près de lui le prisonnier qui lui avait déjà parlé. Le *hochan* t'a-t-il promis qu'il te recommanderait à son chef ?...

— Il ne m'a rien dit de semblable.

— N'importe, il lui parlera probablement. Son monastère s'appelle : monastère de la « Sagesse transcendante et de la Suprême Sérénité », il est situé sur l'autre rive du fleuve. Quand tu sortiras d'ici, il faudra y aller. On t'y secourra, puisque tu es aussi une espèce de *hochan* dans ton pays. Je t'ai entendu le dire.

— C'est vrai, affirma Munpa.

— Voilà encore un bon conseil que je te donne, insista le prisonnier.

Munpa comprit, il partagea en deux la galette supplémentaire qu'il avait reçue et en donna la moitié à l'obligeant conseiller qui se hâta d'aller la manger à l'écart.

Le lendemain matin un des geôliers tendit à Munpa une forte poignée de *tongses.*

« Combien en a-t-il prélevés pour lui ? se demanda Munpa, en les empaquetant dans un vieux chiffon qu'il poussa dans son *ambag*. Néanmoins, comme il connaissait les usages, il lui offrit quelques pièces en témoignage de remerciement pour le service rendu.

Là en restèrent les relations de Munpa et de son frère en religion, le *hochan* chinois. Celui-ci revint la semaine suivante, distribua ses aumônes et ne fit aucune attention à lui, même quand le moinillon, à ses côtés, lui tendit un bol de soupe et une galette.

---

1. L'argent en lingot circulait à cette époque. L'argent monnayé était encore rare dans les provinces des extrémités de la Chine.

Cependant, grâce à ses *tongtses*, Munpa mangeait un peu, ce qui était un réconfort, mais il dormait mal, craignant toujours qu'un de ces « rusés voleurs chinois » ne lui dérobât sa provision de *tongtses*, maintenant que tous l'en savaient muni. Elle s'épuiserait aussi; combien de temps encore son emprisonnement durerait-il?

Il avait tenté d'évoquer son Maître, d'implorer son aide. N'était-ce pas pour son service, par dévotion pour lui qu'il avait quitté le Tso-Nieunpo, et s'était lancé dans cette recherche de la turquoise et de son voleur qui ne lui avait apporté que mécomptes et mésaventures? Mais ses objurgations ferventes n'éveillaient aucun écho au-delà des murs sordides de sa prison : Gyalwai Odzér s'était comme effacé du monde accessible.

Enfin, trois semaines après son arrestation, le *hochan* lui annonça :

— Notre *er loie*[1] a fait parler pour vous au secrétaire du magistrat. Vous pourrez sortir après-demain.

Mais le lendemain matin, le geôlier annonça aux prisonniers qu'ils allaient comparaître immédiatement devant le juge et, sans plus, ils furent attachés les uns aux autres, en file, et conduits au *yamen*.

Des plaignants se présentèrent, expliquant leurs griefs, des soldats-policiers firent des rapports. Le juge les écoutait sans intérêt, distribuant nonchalamment des peines de prison ou de bâtonnade aux menus coquins agenouillés devant son siège. Lorsque vint le tour de Munpa, celui-ci tenta d'expliquer ce qui lui était arrivé, mais le juge, pressé de s'en aller, ne l'écoutait pas :

— Dix coups, décréta-t-il laconiquement, et le *Sifan* pourra s'en aller.

Sur ce il sortit du prétoire.

Les soldats entraînèrent le *Sifan* dans une cour où attendaient déjà quelques misérables hères tremblant à la vue des pesantes barres de bois qui allaient s'abattre sur leur dos. Munpa n'avait pas pu placer un seul mot de protestation.

Ce qui suivit fut prompt : on lui arracha sa robe, on le jeta à terre, la face contre le sol et la « justice » chinoise,

---

1. *Loie* est le titre chinois des intendants chargés de l'administration des affaires temporelles dans les monastères, *er* signifie deux ou deuxième. Des Tibétains prononcent *loie* comme *loui*.

représentée par deux tortionnaires vigoureux et indifférents, lui déchira la peau du dos et des cuisses.

Un coup de pied l'avertit qu'il pouvait se relever. Tout en sang, il reprit sa robe traînant sur les dalles du trottoir bordant la cour. Un soldat le poussa hors du *yamen*.

— Va-t'en!

Il se retrouva dans la rue et libre.

CHAPITRE IV

La cruelle bâtonnade qui lui avait mis le dos en sang n'avait point aboli, chez Munpa, le souci de sa subsistance. Son premier mouvement, en reprenant sa robe jetée sur les dalles de la cour où il avait subi un supplice immérité, fut de s'assurer que le chiffon contenant son trésor s'y trouvait toujours attaché. La constatation de sa présence et la satisfaction qu'il en ressentit apaisa pour un instant la douleur cuisante qu'il éprouvait, mais ce répit fut bref. Chancelant, pris de vertige, il fit quelques pas dans la rue et s'affaissa sur un banc dans le premier restaurant qu'il aperçut.

Il but coup sur coup plusieurs bols de ce thé chinois, qui paraît si abominablement fade et nauséabond aux Tibétains accoutumés à la décoction noirâtre du thé longuement bouilli et assaisonné de beurre, de sel et de soude; puis, dominant la peine que lui causaient ses reins transformés en charpie sanglante, son estomac vide réclama son dû. Munpa estima sage de le satisfaire, il commanda des *momos*[1] et de la soupe aux nouilles, et, tandis qu'on préparait son repas, il examina sa situation.

Des démons, certainement, faisaient obstacle à ses projets. Qui d'autre aurait pu contrecarrer ses louables efforts de disciple fidèle cherchant à servir son Maître, à le venger, à lui rendre la vie?... Des démons ennemis d'Odzér, des démons imparfaitement subjugués, qui se vengeaient

[1]. *Momo* est le nom donné, par les Tibétains, à de petits pâtés de viande cuits à la vapeur.

de l'asservissement auquel le *gömpchén* voulait les soumettre! Ils craignaient que, la turquoise rendue à Odzér, celui-ci ne reprenne vie et avec elle un pouvoir auquel ils ne pourraient sans doute plus échapper. Oui, oui, c'était bien cela, se disait Munpa, douloureusement meurtri, affaissé sur le banc étroit et branlant du restaurant, en face de son bol de thé, et il hochait la tête, satisfait de la perspicacité que dénotait la composition de son petit roman. Quant à en poursuivre l'élaboration, à trouver le moyen de déjouer les ruses des ennemis diaboliques, il ne s'en sentait pas la force pour le moment. Il aviserait après son repas.

Un domestique posait justement ce repas devant lui. Munpa engloutit voracement une douzaine d'excellents *momos,* engouffra deux grands bols de nouilles trempant dans du bouillon, arrosa le tout d'une généreuse quantité d'eau-de-vie, et se sentit mieux. Mieux, certes, mais pas tout à fait en état de concevoir de bons plans d'action : ses idées n'étaient pas encore assez nettes dans sa tête brûlante et douloureuse. Il lui fallait du repos, du silence et peut-être encore un peu d'eau-de-vie, dans un endroit où il serait seul.

— Y a-t-il une auberge près d'ici? demanda-t-il au garçon qui l'avait servi.

— A deux pas, en tournant le coin de la rue, à gauche en sortant d'ici, répondit l'autre.

Munpa paya son repas, ajouta, comme il se doit, une petite gratification pour le garçon et sortit en s'efforçant de se tenir droit, de sorte que sa démarche ne décelât point l'état misérable et honteux de son dos. Il aurait fallu appliquer du beurre [1] sur ses plaies mais les boutiquiers qui se trouvaient sur son passage lui répondirent qu'ils n'en avaient pas : les Chinois n'en font point usage.

La grande porte de la cour de l'auberge s'ouvrait dans une rue transversale, exactement comme le garçon du restaurant l'avait indiqué à Munpa. Sans être de premier ordre, cette auberge répondait suffisamment à l'idée que les Chinois du peuple se font du confort. Des bâtiments en pisé, sans étage, entouraient les trois côtés d'une vaste cour, le quatrième côté, celui du fond, étant réservé aux

---

1. Le beurre est le médicament universel chez les Tibétains.

écuries. Ces bâtiments comprenaient des pièces de diverses dimensions, pourvues, suivant leur grandeur, d'un ou de deux *khangs* [1]. Munpa en choisit une petite, déclarant à l'aubergiste qu'il voulait être seul. Comme il n'avait pas de bagages, il paya d'avance et demanda qu'on lui apporte un bol d'eau-de-vie.

Sa robe de gros drap rude, raidie par le sang qu'elle avait épongé, raclait la chair vive du pauvre Munpa et lui causait de violentes souffrances. A défaut de beurre, l'onguent universel des Tibétains, un docteur chinois eût sans doute pu appliquer un baume propre à le soulager, mais Munpa n'osait pas se montrer à l'un d'eux. L'homme aux médecines aurait immédiatement compris la cause de l'état lamentable de son client. Honte!... Munpa ne voulait subir cette honte. Il préférait souffrir, souffrir le supplice immérité qu'il s'était attiré pour le service de son Maître.

Le service de son Maître... cette idée évoqua chez Munpa à l'image de Milarespa [1], à qui Marpa avait commandé de bâtir une maison et qui, à force de transporter sur son dos les pierres et la terre nécessaires à la construction, avait vu celui-ci se couvrir de plaies.

Munpa savait par cœur l'histoire, très populaire au Tibet, de cet héroïque disciple. Il s'en rappela le passage qui narre les mauvais traitements endurés patiemment par Milarespa cherchant à obtenir du Maître Marpa la communication d'une doctrine religieuse tenue pour ésotérique.

Des plaies de son dos, le sang et le pus coulaient en abondance...

« Milarespa était plus mal en point que moi », pensa Munpa. Mais aussitôt cette autre idée lui vint : Marpa avait promis à Milarespa qu'il l'initierait à sa doctrine secrète s'il construisait une maison. Mon Maître ne m'a promis aucune initiation, il ne m'a ordonné aucun travail,

---

1. Plate-forme en brique et en terre qui sert à la fois de lit et de poêle. En hiver, on entretient, sous elle, un feu que l'on alimente du dehors par des ouvertures percées dans la muraille. La fumée s'échappe plus ou moins bien par les mêmes ouvertures. Le combustible est le fumier des écuries.
2. Milarespa, le célèbre ascète-poète qui vécut au XIe siècle.

mon cas et celui du grand Milarespa sont différents. Pourtant c'est en cherchant à retrouver « la vie » d'Odzér que je me suis attiré ce supplice. L'idée qu'il égalait en mérite, si même il ne le surpassait pas, le célèbre ascète Milarespa, chatouillait agréablement la vanité de Munpa et, pour un bref moment, anesthésiait la cuisante morsure de ses plaies. Une gorgée de forte eau-de-vie fit le reste et le fervent disciple de Gyalwai Odzér s'étendit sur le *khang* en marmottant avec une ardeur dévote des fragments décousus des hymnes de Milarespa à son *gourou* Marpa.

« *Je me prosterne à tes pieds mon Maître pareil à un Bouddha... Je place devant toi mon corps, ma parole et mon esprit en offrandes... Je te prie de demeurer vivant tant que tous les êtres n'auront pas acquis le Savoir qui délivre de la ronde des renaissances.* »

Le sens de ces poèmes ne lui avait jamais été très clair; il l'était moins encore en ce moment.

Le lendemain, Munpa s'éveilla tard. Dégrisé matériellement et spirituellement, privé des effets du double anesthésique qu'avaient constitué l'alcool et un paroxysme de ferveur mystique, l'infortuné *dokpa* éprouva plus cruellement encore que la veille l'âpre morsure de ses plaies que le frottement du drap crasseux de sa robe avait envenimées. Les pasteurs des tentes noires sont peu douillets, mais leur insensibilité a pourtant des limites et Munpa avait atteint celles-ci.

Assis sur le *khang,* il réfléchissait. Retourner chez son employeur, le patron du caravansérail, était hors de question. Dans l'état présent de son dos, il ne pourrait pas effectuer la besogne à laquelle l'aubergiste l'employait et pour laquelle il l'hébergeait. Et puis, s'il avait reculé devant la honte d'avouer qu'il avait été en prison, comment pourrait-il supporter de montrer qu'il avait été battu? Donc, l'idée d'un tel retour était à écarter.

Il se rappela alors que, la veille du jour où il avait été tiré de la prison, un des geôliers lui avait annoncé que l'administrateur en second du monastère de la « Suprême Sérénité » avait intercédé en sa faveur auprès du magistrat et que, comme résultat de sa démarche, il allait être libéré. Malheureusement, avant qu'il ait pu profiter de cette faveur, il avait été emmené au *yamen* et condamné à la bâtonnade. Le juge devant qui il avait comparu était-il celui à qui le *er loie* l'avait recommandé? Probablement non, mais ce n'était pas certain. Les soldats l'avaient entraîné hors du prétoire sans qu'il ait eu la possibilité de dire un seul mot pour se faire connaître. D'ailleurs, tout cela était fini et, ce qui demeurait, c'était l'intervention du *er loie*. Il devait aller le voir, obtenir de lui l'aumône d'un logement temporaire où il pourrait attendre tranquillement que ses plaies soient guéries. Et quand elles le seraient... Munpa ne voyait pas ce qu'il devrait faire alors. Mais c'était une décision à prendre plus tard, nul besoin d'y penser pour le moment. Munpa se sentait trop las pour former des projets.

Il fit appeler un *rikshaw*, s'y hissa péniblement et demanda à être conduit au monastère de la « Suprême Sérénité » hors de la ville, sur la rive opposée du fleuve Jaune.

Comment allait-il s'annoncer? Il comprenait bien qu'un intendant, même de second rang, dans un grand monastère, ne reçoit pas aisément le premier venu. La route était longue du centre de la ville à la « Suprême Sérénité ». Cependant, si longue qu'ait été sa méditation, Munpa arriva devant le portail du monastère avant d'avoir trouvé ce qu'il convenait de dire.

Le moine portier ne l'aida guère. Il se contenta de le regarder interrogativement sans prononcer un mot.

Munpa devait se résoudre à avouer, au moins en partie, les circonstances justifiant sa démarche : un des moines chargés de la distribution des aumônes aux prisonniers avait reconnu son innocence et grâce à l'intervention du *er loie* il avait été libéré. Il souhaitait voir le *er loie* pour le remercier.

Ce tableau des faits s'agrémentait de quelque fantaisie, mais il présentait une vraisemblance suffisante pour convaincre le portier qu'il convenait de laisser entrer l'indigène du pays des barbares, le *mengtze* [1], *et d'avertir le er loie* de sa présence.

Ce dernier ordonna de le lui amener.

Munpa eut plus de chance auprès de lui qu'il n'en avait eue avec le juge distrait qui l'avait condamné machinalement à la bâtonnade. L'intendant se souvint que le visiteur

1. Terme de mépris (signifiant à peu près « sauvage ») par lequel les Chinois de la frontière désignent leurs voisins tibétains.

des prisonniers lui avait parlé d'un certain *Sifan* qui se disait moine.

— Où est ton monastère? lui demanda-t-il. Es-tu jaune ou rouge [1]?

— J'ai été ordonné à Déwa ling en Arig, répondit Munpa, mais je n'habite pas le monastère, je demeure auprès de mon *gourou* pour le servir. C'est un très saint *gömpchén* qui vit dans un ermitage sur la montagne.

— Ah! fit l'intendant manifestant une velléité d'intérêt. Ton *gourou* s'adonne à la méditation [2]. Quelle méditation?

— Je ne suis que son serviteur, répliqua humblement Munpa. Mon Maître a des disciples qu'il instruit. Moi, je ne suis pas capable de comprendre sa haute doctrine, mais j'ai entendu les disciples dire qu'il leur enseigne la méditation du *grand vide* et du *non-agir* [3].

Ces deux termes sont familiers aux adeptes de la secte *Ts'an*; ils étaient courants parmi les hôtes du monastère de la « Suprême Sérénité ». Le *er loie* devint vraiment attentif.

— Et comment te trouvais-tu en prison? interrogea-t-il.

Munpa hésita un moment, ne sachant pas jusqu'à quel point il pouvait confier à l'intendant les raisons qui l'avaient amené à Landou.

— J'étais dans une boutique, répondit-il. Le marchand a voulu me mettre dehors. Ses commis m'ont bousculé, je les ai poussés, des soldats sont arrivés... J'ai aussi poussé les soldats.

— Poussé, cela signifie que tu t'es battu. Mais pourquoi ce marchand voulait-il te mettre hors de sa boutique? Qu'y faisais-tu?

---

1. Les « jaunes », abréviation de « bonnets jaunes », sont les moines appartenant à la secte des *Gelugspas,* fondée par Tsong Khapa au XIVᵉ siècle. Les « rouges » ou « bonnets rouges » sont les moines appartenant aux anciennes sectes qui n'ont pas adhéré à la réforme de Tsong Khapa.
2. Ceci résultait du titre *gömpchén* que Munpa avait donné à son Maître. Les *gömpchén* sont des contemplatifs. Littéralement *gömpchén* signifie : « grand méditateur ».
3. Respectivement, en tibétain : *tong pa gni* (stong pa gnid) et *teu tal* (spros pral), inactivité absolue, correspondant à *wou-wei* chez les Chinois.

Munpa se sentit perdre pied. L'interrogatoire devenait trop serré. Allait-il devoir parler de l'imaginaire collier d'ambre et de *zi?*... L'histoire de la veuve cadrerait mal avec sa condition de moine et les yeux du Chinois fixés sur lui ne paraissaient pas dénoter chez leur propriétaire une simplicité facile à duper. Devait-il parler de la turquoise?...

L'intendant continuant à le regarder en silence, Munpa comprit qu'il devait parler.

— Je poursuis un voleur, confessa-t-il. Je cherchais à savoir si l'objet volé n'avait pas été offert en vente par lui dans cette boutique.

— Quel objet?

— Un reliquaire tibétain, répondit Munpa décidé à ne pas parler du contenu de celui-ci.

— Ce reliquaire t'appartenait?

— Non... pas à moi.

L'intendant perçut la réticence dans le ton de voix de son interlocuteur. Il estima sage de ne pas continuer l'interrogatoire.

— Finalement, tu as été relâché. As-tu vu le magistrat?

— J'ai vu un juge, je ne sais pas si c'est celui à qui vous avez parlé. Il ne m'a pas questionné, n'a pas voulu m'écouter et...

Munpa sentait sous sa robe la douleur cuisante de ses plaies qui commençaient à s'infecter. Allait-on le rejeter dans la rue? Il avait espéré des soins, du beurre ou un onguent.

— Il m'a fait battre, murmura-t-il plein de confusion et d'âpre ressentiment.

— Battre, répéta l'intendant. Si cette déclaration éveillait en lui la compassion, il n'en laissa rien paraître. Combien de coups as-tu reçus?

— Dix, murmura Munpa.

— Es-tu très déchiré?

— Je souffre beaucoup; mon dos est en sang, répondit à voix encore plus basse l'infortuné disciple de Gyalwai Odzér.

— Tu es du clergé, tu peux rester ici, on te soignera, décréta l'intendant sans se départir de sa placidité.

Puis, sur son ordre, Munpa fut conduit dans une

chambrette avenante où on lui apporta du thé. Quelques heures plus tard, un médecin vint l'examiner et, sans lui poser de questions, appliqua un onguent sur ses plaies. Ensuite, à la place de sa robe maculée, il lui fit revêtir une robe de coton propre, annonça qu'il reviendrait le voir le lendemain, et s'en alla.

Munpa avait atteint son but. Il serait logé et soigné; pour le moment, il n'en demandait pas davantage... Si, il avait faim et désirait manger. La journée s'avançait et, depuis son réveil, il n'avait que grignoté une galette dans le *rikshaw* qui l'amenait chez les moines chinois. Ceux-ci ne mangeaient-ils pas? Ou bien lui donnerait-on soins médicaux et logement, mais non point de nourriture? Il avait espéré mieux.

Après une autre période de vaine attente, Munpa se décida à sortir pour chercher de quoi se restaurer.

Au seuil du porche, le portier l'arrêta :

— Où allez-vous?

Passablement gêné, Munpa expliqua :

— Je n'ai rien mangé depuis ce matin. Je vais tâcher de trouver un restaurant dans les environs. Je reviendrai après mon repas.

— Vous n'avez pas besoin de sortir, on vous apportera votre nourriture aux heures où l'on sert les moines au réfectoire. Rentrez dans votre chambre, le médecin a dit que l'on devait vous laisser dormir.

Munpa ne se sentait aucune envie de dormir, il avait simplement faim, mais il ne put que remercier et retourner s'asseoir mélancoliquement sur le *khang* de sa cellule.

Vers le coucher du soleil, un moinillon arriva, porteur d'un plateau sur lequel se trouvaient un bol plein de riz, un pied de *pétsai* [1] salé, un grand bol d'eau et une paire de baguettes. Il posa le plateau sur une petite table accotée au *khang* et se retira sans mot dire.

« *Gong moi kalags* » (repas du soir), marmotta Munpa consterné. « Est-ce là le régime habituel des *hochangs* de la " Suprême Sérénité "? »

Le riz était à peine tiède, la saveur salée des légumes non cuits ne suffisait pas à les rendre attrayants à un Tibétain

---

1. Une sorte de chou chinois. On le mange frais, mais surtout après l'avoir laissé tremper dans la saumure à la façon de la choucroute.

accoutumé aux mets gras, et le volume réduit du tout se perdait dans son vaste estomac.

L'ombre crépusculaire se glissait dans la cour sur laquelle s'ouvrait la chambrette de Munpa. D'une autre cour lointaine parvenait le son des poissons de bois[1] martelés en cadence.

Munpa songeait à sa mesquine *gompa* délabrée perdue parmi les solitudes. Là, une cloche dont un *trapa* balançait le battant scandait ce même rythme. Les vibrations de la cloche s'étalaient en ondes caressantes sur les alpages déserts. Munpa n'était guère sensible à la poésie des choses, pourtant il rêvait, tandis que sa cellule se remplissait de ténèbres.

Le lendemain matin, vers cinq heures, le moinillon qui lui avait servi son repas la veille lui apporta une galette et un bol de ce thé insipide que Munpa n'aimait pas.

Ce déjeuner était une concession charitable faite au *Sifan* en sa qualité d'hôte. Les moines ne mangeaient pas avant le milieu du jour. Ce second repas fut identique à celui de la veille : un bol de riz et des légumes salés. Dans l'après-midi le médecin revint examiner le dos de Munpa, y fit une nouvelle application d'onguent et lui conseilla de faire appeler un blanchisseur qui laverait sa robe maculée et raidie qui blesserait la chair nouvelle fermant ses plaies.

Munpa promit de le faire, bien que cette perspective de lavage lui parût surprenante. Jamais, jamais un *dokpa* ne lave ses habits, si crasseux qu'ils puissent être! Cependant le conseil du médecin lui parut l'expression d'une certaine sagesse. En effet, bien que ses blessures dussent probablement se guérir d'elles-mêmes, empêcher que cette guérison soit retardée était utile. Ne devait-il pas se remettre à sa besogne de justicier et à cette autre, plus pressante encore : la récupération de la turquoise-vie de son Maître?

Nouvelles visites du médecin silencieux le lendemain et les quelques jours suivants. Munpa était vraiment bien soigné. Sa vitalité robuste, coopérant avec l'onguent du docteur et sans doute plus efficace que lui, reformait déjà

---

1. Des cylindres en bois affectant les formes de poissons, qui sont suspendus à l'entrée des temples chinois. On les frappe avec des marteaux et ils tiennent lieu de cloches pour appeler les religieux aux offices.

une nouvelle chair sur ses blessures. Mais le triste Munpa continuait son demi-jeûne. En même temps il revenait à ses préoccupations.

Pour retrouver Lobzang et la turquoise, il ne comptait plus guère sur le succès de ses propres investigations, mais sa foi demeurait entière dans une intervention surnaturelle qui suppléerait à celles-ci. Toutefois, cette intervention devait être rendue possible; des circonstances devaient être créées, qui lui fourniraient l'occasion de se manifester. Il lui fallait donc continuer ses recherches et ne plus s'attarder chez les moines de la « Suprême Sérénité ». Dès le lendemain il prendrait congé du charitable *er loie* qui l'avait accueilli.

Or il était dit que Munpa ne pourrait jamais suivre les plans qu'il se traçait...

Le soir, avant l'heure de son maigre souper, un moine entra chez lui.

— Notre Maître spirituel vous recevra demain, dit-il à Munpa. Et, sur cette laconique communication, il se retira.

Munpa se réjouit à l'idée de voir le célèbre *gourou* dont lui avait déjà parlé un de ses compagnons de prison, mais en même temps il craignait un interrogatoire auquel il avait heureusement échappé jusque-là.

Introduit dans la chambre du Supérieur, Munpa le salua à la manière tibétaine, en se prosternant. Relevé, il attendit que le Maître lui adresse la parole. Celui-ci le considéra longuement en silence, puis lui commanda de s'asseoir.

Munpa n'avait jamais approché un *gourou* chinois. A part lui, il s'étonnait de la simplicité du décor qui entourait celui-ci. La chambre dans laquelle il se trouvait n'avait rien de la solennité de celles dans lesquelles les grands *lamas* siègent sur de hauts trônes dans la pénombre de pièces qu'ils partagent avec des statues de Bouddhas et de déités, rien non plus de l'atmosphère empreinte de mystère et de vague crainte qui entoure les ermitages, accrochés aux montagnes, des énigmatiques *gömpchéns* de son pays.

Le Supérieur était assis dans un fauteuil auprès d'une petite table, dans une chambre claire aux murs décorés de fresques. Tout était propreté méticuleuse, simplicité, confort sans luxe et dénotait une absence totale d'ostentation et de mise en scène.

La figure du Chinois qui l'observait était sans rides, impassible, ne manifestant ni bienveillance, ni animosité, ni mépris, ni intérêt : pareille à un mur qu'aucune ouverture ne perce, cachant sans en rien laisser échapper le secret de ce qui s'élabore derrière lui. Munpa se sentait mal à l'aise sous le poids de ce regard qu'il sentait appuyé sur lui. Quelles questions le Supérieur allait-il lui poser? Quelles explications lui donnerait-il concernant sa conduite?

— Tu as un *gourou* dans ton pays, dit enfin le Maître chinois. D'après toi il enseigne les doctrines du *grand vide* et du *non-agir*. Le *er loie* t'a-t-il bien compris? Parle-moi de l'enseignement de ton Maître.

Munpa s'attendait à toutes les questions sauf à celle-là. Il demeura interdit.

— Je... je ne suis que le serviteur du saint ermite, balbutia-t-il. Il ne m'a pas encore jugé digne d'être instruit dans sa doctrine. J'ai seulement répété au *er loie* ce que j'avais saisi dans les conversations des disciples entre eux.

Le Supérieur ne répliqua pas. Il était toujours figé dans son immobilité, ayant, maintenant, ce singulier regard « tourné en dedans » que Munpa avait vu à Gyalwai Odzér dans ses périodes de méditation.

— Tu vas t'en retourner auprès de ton Maître? demanda enfin le Chinois après un long silence.

Munpa sentit qu'il ne pouvait pas mentir à cette sorte de statue vivante qui l'interrogeait.

— Mon Maître est mort, murmura-t-il.

Mais il avait à peine achevé ces mots qu'un tremblement le prit. Qu'avait-il dit? Était-ce la vérité? Gyalway Odzér était-il mort? Non. Sans doute. Il n'était qu'absent de son corps, il n'attendait que la restitution de la turquoise pour y rentrer. Ne l'avait-il pas vu se dresser devant lui au soir de sa première journée de marche à la poursuite de Lobzang? Dire qu'il était mort était proférer un mensonge sacrilège. Munpa se reprit.

— Il n'est pas mort... je ne sais pas... il vit... Il vit autrement... Je ne sais pas...

Il prononçait ces mots de façon confuse, à peine intelligible.

Le Supérieur ne se départait pas de son impassibilité. Le

temps s'écoulait dans un silence qui pesait affreusement sur Munpa. Il était accoutumé aux périodes de silence d'Odzér, mais le silence du Chinois était différent, était d'une autre nature. Il se sentait plus « interrogé » par cette bouche muette, par ces yeux qui ne se posaient pas sur lui et regardaient « en dedans » que s'il eût fait face aux plus pressantes questions.

Toute résistance lui était impossible. Sans bien se rendre compte de ce qu'il disait, parlant comme en un rêve, Munpa fit au Supérieur le récit complet de tout ce qui lui était arrivé : son retour à l'ermitage d'Odzér après la collecte des provisions parmi les *dokpas,* la découverte du *gömpchén* assassiné et celle de la tabatière qui dénonçait son assassin. Puis, comment il avait rendu en hâte les derniers devoirs à son Maître, convaincu qu'il se saisirait rapidement de l'assassin et le livrerait aux *dokpas* pour subir le châtiment de son crime.

Il raconta sa déception en ne trouvant pas Lobzang à son campement habituel, les recherches qu'il avait entreprises sans résultat et leur misérable aboutissement dans la boutique de ce marchand...

Arrivé là, Munpa s'arrêta. Il avait soudain compris que le récit qu'il venait de faire ne répondait pas à l'interrogation silencieuse du Supérieur. Il lui fallait sans doute expliquer pourquoi il doutait de la mort de son Maître. Ne venait-il pas de dire qu'il ne savait pas s'il était mort, qu'il vivait *autrement*?... C'étaient bien là les mots qu'il avait prononcés et, rigide dans son fauteuil, le Chinois qui « regardait en dedans » attendait qu'il les expliquât. Et encore, le *er loie* avait dû répéter au Supérieur ce qu'il lui avait dit concernant un reliquaire volé... Alors?...

Munpa s'affolait, il se sentait pareil à un oiseau englué qui se débat vainement, pareil à un voyageur égaré subissant l'inexorable succion des sables mouvants qui l'enlisent. Il était prêt à hurler de désespoir. Se prosternant le front contre terre il compléta son récit. Il parla de la turquoise jadis apportée par un *nâga* qui, depuis des temps qu'il ne pouvait évaluer, demeurait dans le reliquaire que se transmettaient l'un après l'autre les successeurs du Grand Gyalwai Odzér. Il dit sa foi en la présence de la « vie » de son Maître attachée à la turquoise surnaturelle, sa certitude qu'il sortirait de son état de mort apparente lorsqu'elle lui serait rendue; il affirma sa résolution inébranlable de la retrouver, de la rapporter à l'ermitage, dans les alpages du Tso-Nieunpo. En balbutiant, il narra la vision qu'il avait eue au soir de sa première journée de marche, en quête de Lobzang l'assassin. N'avait-il pas vu clairement la haute figure de son Maître se dressant, auréolée de lumière, dans la nuit, et senti ses mains posées sur sa tête en signe de bénédiction et d'encouragement? Oui, son Maître vivait, vivait *autrement,* son corps vidé de sa « vie » attendait, assis sur son siège de méditation, dans la caverne-ermitage. Il devait y apporter la turquoise...

Exténué, Munpa restait étendu sur les dalles aux pieds du Supérieur qui n'avait point bougé pendant la durée de son récit long et confus.

— Relève-toi et retourne dans ta chambre, lui commanda-t-il.

— Que dois-je faire? demanda timidement Munpa.

— Rien, répondit le Supérieur. Regarde le mur.

D'un geste à peine perceptible mais dont la puissance impérative secoua le *Sifan* écroulé, il le congédia.

Munpa, chancelant, regagna sa cellule où un moinillon, toujours la même caricature d'un disciple du *hochan* dans les représentations des *gompas,* lui apporta une galette et un petit bol de thé pâle. Mais Munpa n'avait pas l'esprit porté à s'amuser de l'aspect du gamin. Il mangea la galette, but le thé et regarda le mur devant lui.

Il dormit lourdement, cette nuit-là; les émotions ressenties dans la journée l'avaient accablé au point que l'activité de son esprit en était totalement annihilée : il ne rêva point.

La journée du lendemain s'écoula lente et morne. Munpa reçut la galette matinale habituelle, le thé insipide et les deux repas parcimonieux de riz et de légumes salés.

Dans l'intervalle, le médecin était revenu annonçant que c'était sa dernière visite. Il s'était montré satisfait du progrès de la cicatrisation des plaies et avait laissé un petit pot d'onguent à Munpa qui devait, disait-il, continuer à l'appliquer lui-même.

Puis le Tibétain, dressé à l'obéissance passive aux ordres du *gourou,* et tenant le Supérieur pour une sorte particulière de Maître religieux, s'était remis à regarder le mur de sa chambre.

Un jour, deux jours, trois jours encore s'écoulèrent dans cette contemplation. Munpa savait, bien qu'il n'eût point pratiqué lui-même cette discipline, que certains Maîtres tibétains commandent à leurs disciples de méditer en fixant leurs regards sur un objet déterminé ou sur la paroi nue d'un rocher, ou sur le ciel vide de nuages, et il avait entendu dire que des résultats surprenants sont obtenus par ce moyen. Parfois, des dieux se montrent aux disciples les plus zélés et d'autres prodiges s'ensuivent. Mais la contemplation des murs de sa chambre ne lui paraissait point propre à produire de tels effets. Les fresques qui les couvraient représentaient quantité de scènes différentes, épisodes de la vie ordinaire ou d'aventures chimériques où intervenaient des êtres fantastiques. Les personnages et le décor qui les entourait étaient de dimensions lilliputiennes, de sorte que les murs en étaient tout entiers couverts. Ils y formaient un grouillement dense donnant une impression de vie intense.

Dès que l'on avait cessé de voir les fresques sous l'aspect d'un simple bariolage de couleurs et que l'on en notait les détails, les faits et gestes des petits bonshommes que la fantaisie du peintre avait semés dans leur composition s'imposaient à l'attention, entraînant l'observateur dans un voyage prolongé, de scène en scène, à travers le monde tumultueux des pygmées vivant sur les murailles.

C'est ce qui advint à Munpa. Après quelques jours de contemplation solitaire, il s'amusa des attitudes, de la conduite, des exploits du peuple en miniature qui l'entourait. Il s'y intéressa, élut parmi les héros casqués, les marchands, les moines, les jolies princesses, les fées, les diablotins, certains favoris, pour qui une curiosité ou une sympathie particulière naquit en lui. Inconsciemment il imagina autour d'eux des histoires qui justifiaient les scènes auxquelles ils participaient. Tel voyageur attaqué par des brigands pouvait être un prince exilé en quête d'un nouveau royaume. Ces gens visités dans une cabane par une dame qui leur distribuait des pains pouvaient être un ministre en disgrâce et sa famille. Le moine chargé d'un baluchon, bâton en main, qui franchissait des montagnes, s'en allait dans l'Inde s'instruire des plus profondes doctrines du Bouddha. Ainsi, chacune des figures se chargeait d'un sens et Munpa en venait à éprouver le désir de connaître le déroulement des aventures qui les attendaient. Ce cavalier franchissant un pont-levis allait entrer dans un château... L'histoire peinte sur le mur s'arrêtait là, mais qu'y avait-il dans ce château dont on ne voyait que la façade? Quel motif y amenait le cavalier? Quels gens y rencontrerait-il? Que lui arriverait-il?

Plus loin, qui était ce jeune homme endormi dans un pré, sous un arbre? Un livre se trouvait près de lui, sur l'herbe, et, vers le dormeur, une fée descendait des nuées portée sur un arc-en-ciel. Qui était ce jeune homme? Un étudiant studieux surpris par la fatigue au cours d'un voyage, ou bien un écolier stupide et paresseux dénué de goût pour l'étude, qui avait jeté son livre pour s'abandonner au sommeil? Mais pourquoi cette déesse descendait-elle vers lui? Allait-elle le réveiller? Que lui dirait-elle? L'emmènerait-elle ailleurs? Où? Et Munpa inventait des romans qu'il faisait vivre aux personnages peints sur la muraille et dans lesquels il lui arrivait de s'attribuer un rôle. L'imagination, généralement très peu active, du *dokpa* s'éveillait sous l'influence de sa solitude, de son désœuvrement et peut-être, aussi, de son changement de régime : ce demi-jeûne qui laissait à moitié vide son estomac habitué à des nourritures abondantes et grasses.

Il ne s'ennuyait pas, n'avait pas conscience du nombre des heures qui s'écoulaient. Un jour, il remarqua, dans un coin du mur, une scène qui avait jusque-là échappé à son attention : au milieu d'un paysage rocheux, un ermite se tenait assis, semblant absorbé dans une profonde méditation. Munpa éprouva un choc. Le souvenir de Gyalwai Odzér, quelque peu affaibli par les distractions qu'il trouvait dans ses vagabondages imaginaires, se réveillait aigu, accusateur. A quels rêves se complaisait-il au lieu de poursuivre sa tâche, de découvrir l'assassin, de récupérer la turquoise?...

Le moinillon apportant le souper du reclus interrompit le cours des remords qui se glissaient en lui. Précisément, le menu offrait une surprise. Une salade de haricots accommodés au vinaigre de dattes remplaçait l'habituel légume salé comme condiment du bol de riz.

Cette nouveauté occupa pendant un moment les sensations gustatives de Munpa, puis la nuit vint qui effaça le monde des murailles, et Munpa s'endormit.

Le lendemain matin, sa première impulsion fut de revoir l'ermite assis parmi les rochers. Il se dirigea vers l'encoignure où il l'avait découvert et... ne le trouva point. « Je me trompe, se dit-il, il n'était pas dans ce coin-ci. Il inspecta le coin opposé : le résultat fut aussi négatif, et de même en fut-il des deux autres encoignures. « Je me souviens mal, pensa Munpa, ce n'est sans doute pas dans un coin que j'ai vu cet ermite, mais où était-ce donc? » Et il se mit à examiner les fresques, se perdant au milieu de la diversité des scènes et des personnages, se fatiguant les yeux, s'acharnant, recommençant dix fois sa promenade sur le même pan de mur, s'hallucinant parmi la cohue des petits personnages qui paraissaient s'animer, ricaner, le narguer... Il passa toute la journée dans cette recherche exténuante et vaine.

Quand, l'obscurité venue, il s'abattit sur le *khang* et s'y abîma dans un sommeil confinant à l'anéantissement, il n'avait toujours pas retrouvé l'ermite.

Le lendemain, un peu calmé par ce profond sommeil, Munpa but son bol de thé fade et s'efforça d'organiser ses pensées. J'ai dû rêver de cet ermite, conclut-il, il n'est point peint sur le mur, mais il m'a rappelé mon Maître et le devoir que j'ai à remplir. Cependant, il ne se décidait point à former un projet. Que devait-il faire? Peut-être, puisqu'il avait confessé toute son histoire au Supérieur, celui-ci voudrait-il bien lui donner un bon conseil? Il pourrait solliciter une nouvelle entrevue avec lui. Oui, sans doute, il le pourrait...

Tandis qu'il agitait ces diverses pensées, machinalement, obéissant à l'habitude prise, Munpa s'était mis à regarder les fresques de la muraille. Soudain, au bord d'une rivière, parmi un groupe de cavaliers qui paraissaient discuter entre eux, Munpa découvrit un homme vêtu en *trapa*. Il n'avait jamais vu de *trapas* figurer parmi les personnages des fresques et, précisément, la veille il s'était assez longuement arrêté à considérer ce groupe de cavaliers qui lui rappelaient un épisode de l'histoire de Milarespa. Il les avait même comptés, il n'y avait certainement pas de *trapa* parmi eux.

Mais le *trapa* changeait de position, maintenant il le

voyait de face, il le reconnaissait... C'était lui, lui-même. Non pas son portrait, mais lui, vivant, qui se mouvait au bord de la rivière et Munpa éprouvait en son corps les sensations propres aux actes que son sosie accomplissait. Une nouvelle illusion!... C'était certain. Cependant, tandis qu'il se le répétait, Munpa se sentait quitter le *khang* sur lequel il se trouvait assis, se sentait happé par la muraille, incorporé parmi le monde des êtres qui y vivaient. Il poussa un cri de terreur, se dressa, voulut fuir. Une force irrésistible le poussa à regarder de nouveau vers la fresque, le *trapa* se voyait toujours parmi les cavaliers, mais il paraissait moins distinct; il avait aussi changé de place, cheminant vers le fond du paysage.

Tout cela est magie, mauvaise magie, pensa Munpa cherchant à dominer son trouble. Le Supérieur doit être un magicien malfaisant [1]. Tous ces gens que l'on voit sur les murs sont probablement, non pas de simples images dessinées par un peintre, mais des individus réels qu'il a attirés dans le monde qui existe sur les murs, comme j'allais, moi-même, y être attiré.

Née de son effroi, une forte volonté animait Munpa. Il sortit de sa chambre et se rendit chez le portier.

— Je désire quitter le monastère immédiatement, lui dit-il.

— Je vais en prévenir l'intendant, répondit placidement le moine-portier.

Il revint au bout d'un moment.

— Le *er loie,* déclara-t-il, a commandé qu'avec votre robe qui a été lavée vous emportiez aussi la robe chinoise qui vous a été donnée et puis ceci, et il lui tendit deux galettes et un tout petit morceau d'argent.

— J'ai aussi un peu d'argent, dit Munpa esquissant un geste de refus.

Le portier l'arrêta d'un ton péremptoire :

— Le *er loie* a commandé que vous le preniez.

— Remerciez-le pour tout, pour les bons soins, l'hospitalité... On a été très bon pour moi, dit Munpa.

Le portier ne répliqua rien. Ni le *er loie* ni le Supérieur n'avaient manifesté le désir de recevoir les adieux et les remerciements de leur hôte.

---

1. Un *gnén nag kén* (orthographe : ngan snags nghan) : « celui qui confectionne de malfaisantes formules magiques ».

Munpa se retrouva dans la rue comme au jour où il était venu se réfugier au monastère de la « Suprême Sérénité », riche, en plus, d'une robe chinoise en gros coton bleu, d'un petit morceau d'argent et d'un pot d'onguent.

Une impression de bienheureux soulagement se répandit en lui. Le silence qui enveloppait le monastère lui avait pesé et les visions émanant des murs de sa cellule dépassaient ce que son faible cerveau pouvait supporter d'anormal. Le Supérieur lui eût-il déclaré : « Le monde n'est que le jeu d'images surgissant dans notre esprit, issues de lui et qui se réengloutissent en lui », il ne l'eût pas compris. Aussi, le Supérieur ne l'avait-il pas mandé pour lui expliquer l'enseignement dispensé par la contemplation des fresques, cet enseignement qui avait causé sa fuite éperdue.

CHAPITRE V

Le coudoiement de la foule affairée dans la rue et les bruits de la ville agirent sur Munpa comme un salutaire réconfort. Les effets déprimants de sa solitude peuplée d'hallucinations et du régime ascétique auquel il avait été soumis se dissipaient. Quant à la bâtonnade, il l'avait déjà reléguée si loin dans ses souvenirs qu'elle en avait perdu sa réalité. Le robuste *dokpa* se sentait en humeur de marcher résolument vers l'avenir.

— Cet avenir paraissait tout tracé : retrouver Lobzang, récupérer la turquoise magique, la rapporter au *gömpchén*. Munpa ne songeait pas à s'éloigner de ce programme. Certes non! Mais, en attendant, il éprouvait le besoin de restituer son dû à son estomac frustré par les dignes moines de la « Suprême Sérénité ».

On n'a jamais à aller bien loin, dans les cités chinoises, pour rencontrer un restaurant. Munpa en avisa un qui lui parut accueillant, s'installa à une table et commanda une forte platée de *momos*. Ils allaient lui rappeler le dernier repas qu'il avait fait la veille du jour où il était entré au monastère de la « Suprême Sérénité ». Ce qu'il y avait grignoté ne comptait pas.

Munpa engloutit joyeusement les *momos,* les fit suivre de plusieurs bolées de soupe aux nouilles et d'une rasade de *ta chou*[1]. Puis il se sentit d'aplomb, la tête solide, prêt à

---

[1]. Forte eau-de-vie chinoise. L'usage des boissons alcooliques qui est interdit à tous les bouddhistes, a été expressément défendu par Tsong Khapa aux moines de sa secte, les *Gelugspas* (bonnets jaunes). Mais dans

affronter les réalités de la vie. La plus immédiate consistait à trouver un logement. Pourrait-il en retrouver un au caravansérail dont le patron l'avait pris pour aide? En tout cas, il y avait laissé une couverture et un sac encore à demi plein de provisions, et il devait aller les chercher.

Quand Munpa arriva au caravansérail, il y avait précisément foule : deux caravanes venaient d'arriver, le patron et ses domestiques affairés couraient de droite et de gauche au milieu des ballots que l'on déchargeait, des mules impatientes de gagner les écuries pour manger et des chameaux qui poussaient des cris rauques et crachaient sur les hommes étrangers à leur caravane qui les frôlaient en passant [1].

Munpa fut accueilli comme un sauveur; Chao, l'aubergiste, trop occupé pour lui demander des explications concernant son absence, lui cria de loin :

— Aide à décharger les mules et conduis-les dans les écuries, celles venant d'Ourga à gauche, celles des marchands de Kashgar à droite. Demande qu'on te les montre, ne les mélange pas. On les fera boire quand la cour sera débarrassée.

Munpa se mit immédiatement à la besogne et, animé comme il était par les effets d'un plantureux repas, il s'en acquitta prestement.

Moins d'une heure plus tard le calme régnait de nouveau dans l'auberge. Munpa avait aidé les voyageurs à conduire leurs bêtes se désaltérer à la rivière, à ranger, les marchandises sous les hangars; les mules mangeaient dans les écuries, les chameaux faisaient de même, parqués dans une seconde cour. Les hommes pouvaient à leur tour prendre leur repas; après quoi, fatigués, ils dormiraient, non sans avoir probablement fumé quelques pipes d'opium.

Le patron, qui s'était beaucoup démené, se sentait presque aussi fatigué que ses hôtes et guère en humeur de causer longuement. Devant le souper, une importante pièce de mouton bouilli, il demanda simplement à Munpa :

la pratique les membres du bas clergé, les *Trapas,* ne s'astreignent guère à observer cette règle hors de leurs monastères. Il en est de même de la règle enjoignant la chasteté.
1. Cracher sur qui leur déplaît est la façon dont les grands chameaux mongols manifestent leur mécontentement.

— Où as-tu été? Tu as cherché ton voleur. L'as-tu découvert?

— Non, répondit laconiquement Munpa.

Le ton sur lequel il avait prononcé ce « non » et sa mine maussade firent penser au Chinois que Munpa s'était lancé sur une fausse piste, et ne tenait pas à faire le récit de son humiliante déconvenue. Il ne poussa donc pas plus loin l'interrogatoire. A un autre moment, la curiosité aurait pu l'inciter à insister, mais il songeait aux affaires qu'il aurait à discuter le lendemain avec les marchands arrivés de Mongolie, car il était non seulement propriétaire d'auberge, mais aussi commerçant et possédait un comptoir à Ourga. La fugue du *dokpa* ne présentait aucun intérêt parmi les pensées qu'il donnait à son négoce.

Munpa, ayant récupéré sa couverture et son sac de cuir contenant le reste de ses provisions, grimpa l'échelle du grenier à foin et s'y installa pour la nuit.

Il y eut un lendemain, un surlendemain et une autre suite de jours. Les marchands s'occupaient de leurs affaires, deux de leurs serviteurs avaient emmené les chameaux dans les environs, parmi les collines où ils pouvaient paître. Munpa n'avait qu'à soigner les mules et leurs propriétaires récompensaient ses soins par des gratifications généreuses. Il évitait de sortir; le souvenir de la mésaventure qu'il s'était attirée ne l'encourageait pas à procéder à de nouvelles recherches. Lobzang n'était probablement pas à Landou, et quant à la turquoise?... Seul un prodige pouvait la lui faire découvrir. Mais le prodige se produirait : il en était certain.

L'idée de prodige reportait sa pensée vers l'étrange vision qui avait provoqué sa fuite du monastère de la « Suprême Sérénité ». Il s'était *vu* « entré » dans la fresque de la muraille, mêlé à un groupe de cavaliers, et puis il s'était *vu* s'éloignant, s'enfonçant dans le paysage. Se pouvait-il que le Supérieur-magicien, sur l'ordre de qui il s'était livré à la contemplation prolongée des fresques, l'ait véritablement incorporé à l'une de celles-ci, dont il avait réussi à s'échapper, ou bien la scène qu'il avait vue était-elle une indication, l'expression figurée d'un commandement qui lui était adressé? Adressé par qui? Par le *gömpchén* son Maître? Par la turquoise qui l'appelait? Que devait-il faire? Se remettre en route? Pour aller où?

Munpa était tiraillé entre ces appels qui l'incitaient à l'action sans lui permettre de discerner clairement dans quel sens cette action devait s'exercer, et ses tendances naturelles qui le portaient vers la quiétude des besognes routinières qui n'exigent aucune fatigue d'esprit. Il n'imaginait pas qu'il pût toujours demeurer l'aide de l'aubergiste, il ne le souhaitait d'ailleurs pas, mais pour le moment il somnolait mentalement au caravansérail, bien nourri, et, loin de dépenser son minime pécule, il l'accroissait quelque peu...

Cependant le « signe » qui lui indiquerait la conduite à tenir demeurait aux aguets, semblait-il, n'attendant qu'une occasion, de se manifester.

Cette occasion vint ou, plutôt, Munpa crut reconnaître le « signe » dans un incident fort simple. Les marchands de Kashgar, ayant terminé leurs affaires, annoncèrent leur départ. Ils proposèrent à Munpa de les accompagner en se joignant à leurs muletiers.

— Nous n'aurons pas besoin de toi jusqu'au bout de notre voyage, dit le patron marchand à Munpa. Nous avons des hommes à nous sur la route. Tu devras aller jusqu'à Kandou, peut-être jusqu'à Sidou[1].

Ces deux noms firent tressaillir le *dokpa*. Les gens du Tso-Nieunpo parlent beaucoup de Kandou et de Sidou. Ce sont pour eux des villes lointaines, mais ni fabuleuses ni inaccessibles. Des *dokpas,* peu nombreux il est vrai, les ont visitées. De leurs récits les pasteurs ont surtout retenu qu'à Sidou, non seulement tous les ustensiles ménagers sont faits en pierre : les assiettes, les bols, les marmites, les seaux, mais aussi les maisons et leur mobilier : *khangs,* tables, chaises, etc. C'est tout juste si cette fable, colportée de campement en campement, ne s'agrémente pas d'une flore et d'une faune en pierre[2].

Naturellement, Munpa avait entendu parler de Kan-

---

1. Même remarque que pour *Landou*, prononciation locale de Lantchéou sur les cartes françaises, Lanchow sur les cartes anglaises. Kandou est Kanchéou ou Kanchow, et Sidou est Soutchéou ou Suchow.

2. En réalité, il existe, dans les environs de Suchow, des carrières de pierre dure et lourde, de jolie couleur gris pâle tirant sur le mauve. Les gens du pays en confectionnent des vases, des gobelets, des bols, des assiettes, des statuettes, etc., qui font l'objet d'un commerce de quelque importance.

dou et de Sidou. D'importants marchands s'y rendaient : Lobzang avait pu l'apprendre et penser qu'il pourrait trouver parmi ces riches commerçants un acquéreur pour la turquoise. Sa sécurité, aussi, devait peut-être lui avoir semblé mieux assurée dans ces villes lointaines. Nul ne l'y connaîtrait. Oui, très probablement, après son crime, Lobzang s'était dirigé vers Kandou et Sidou...

Le « signe » venait d'être donné à Munpa, il lui obéirait, dans l'espoir, — mieux, dans la certitude — qu'il rencontrerait le prodige sur son chemin.

Et Munpa partit parmi les gens des marchands de Kashgar.

La caravane était importante : une longue file de chameaux et un bon nombre de mules. Le travail ne manquait pas, en arrivant chaque soir à l'auberge où l'on couchait, et le lendemain en en repartant. Bientôt, le patron marchand ordonna des veilles nocturnes. Des voleurs rôdaient, disait-on, sur la route qu'ils suivaient et les cours des auberges étaient mal clôturées. Il fallait se méfier : muletiers et chameliers étaient armés.

La caravane se mouvait lentement, obligée de régler son avance sur la marche des chameaux. Les compagnons de Munpa bavardaient entre eux dans un dialecte du Turkestan qu'il ne comprenait pas. Rien ne le distrayait donc, en cours de route, de la contemplation du paysage et de ses méditations.

Les marchands s'étaient arrêtés pendant deux jours à Kandou afin de prendre des forces pour la suite du voyage. Le véritable voyage, disaient-ils à Munpa, en plaisantant. On allait atteindre le seuil du Gobi.

Le *dokpa* du pays des herbes regardait avec étonnement ce pays de sable dans lequel il pénétrait de plus en plus profondément chaque jour. La verdure s'était d'abord faite rare, puis avait fini par disparaître complètement. A perte de vue le sol était jaune, ou noirâtre. Parfois, des rafales amenaient, sur les voyageurs, des nuages épais de ce sable jaunâtre; on les voyait accourir du fond de l'horizon, pareils à un mur mouvant et s'abattre sur la caravane, cinglant cruellement gens et bêtes, les enveloppant comme un brouillard opaque qui leur masquait la route. Aveuglés, asphyxiés, les hommes devaient néanmoins s'empresser auprès des mules, qui, moins placides que les chameaux, s'affolaient, faisaient choir leurs charges et fuyaient en de fausses directions.

L'eau des auberges était malodorante et amère et le froid, même pour un pasteur du Tso-Nieunpo, devenait pénible à supporter.

Des tours de garde plantées à quelque distance de la route la jalonnaient. Certaines tombaient en ruine, de même qu'une ligne de murailles, écroulée à certains endroits, que l'on discernait au loin.

— Le Grand Mur, répondit l'un des muletiers à Munpa qui lui demandait ce qu'étaient ces murailles qui se prolongeaient à travers un désert.

— Que clôture-t-il?

— La Chine, répondit encore son interlocuteur.

Munpa demeura songeur.

L'on atteignit Sidou. Munpa put mesurer l'étendue des extravagances que l'on débitait à son sujet dans les campements du Tso-Nieunpo. Sidou était une ville chinoise pareille à celles qu'il connaissait déjà, beaucoup moins grande, moins belle et moins riche que Landou. Quant aux objets en pierre, il vit des vases, des bols, des gobelets, des plats et quelques statuettes qui ne lui parurent pas jolies. C'était à quoi se réduisaient les merveilles tant vantées.

Lobzang était-il venu jusqu'à Sidou? Munpa en doutait. Lui-même devait-il continuer son voyage? Aucun prodige n'était venu confirmer le « signe » qu'il avait cru discerner à Landou... Déçu une fois de plus, Munpa se tourmentait de nouveau, agitant en son esprit des considérations contradictoires.

Les marchands qu'il avait accompagnés lui annoncèrent que, comme ils s'y attendaient, ils avaient trouvé à Sidou des gens de leurs amis qui allaient joindre leur convoi au leur, et qui étaient en nombre suffisant pour que ses services ne fussent plus nécessaires. Il reçut une rétribution convenable et, après trois jours d'arrêt, la caravane reprit sa marche à travers les sables.

Du milieu de la route, Munpa la regarda s'éloigner : hommes et mules composaient un groupe mouvant que dominait la haute forme des chameaux. Peu à peu, les lignes d'abord distinctes se confondirent, l'on ne vit plus qu'une masse sombre, de plus en plus mince, tranchant sur le sol jaune : les chameaux gardèrent plus longtemps leurs contours, puis eux aussi se fondirent dans le bloc et celui-ci même finit par n'être plus qu'un point à peine perceptible qui s'effaça au loin, comme bu par l'horizon.

Pour la première fois de sa vie, Munpa, perplexe et angoissé, se sentit péniblement seul, perdu dans un vide singulier, alarmant, très différent de celui des Tchang thangs. Des frissons parcouraient ses membres, il avait la fièvre. Il rentra à l'auberge et s'étendit sur le *khang* de la grande pièce, maintenant déserte, où il avait logé avec ses compagnons.

Dans l'après-midi, il se sentit plus mal. Il grelottait de froid, tandis que sa tête brûlait. La fatigue d'un voyage à travers un pays si différent du sien, la mauvaise eau qu'il avait bue, ses tourments d'esprit, sans doute toutes ces causes ensemble avaient-elles miné sa robuste santé. Il éprouvait une profonde lassitude. L'idée de poursuivre son voyage plus loin ou de refaire, seul, le chemin qu'il avait parcouru en vain, lui apparaissaient également pénibles.

Vers le soir, le patron de l'auberge, ne le voyant point paraître, vint s'enquérir de ses projets. Attendrait-il le passage d'autres voyageurs pour se joindre à eux et, d'abord, où voulait-il aller? Retournerait-il à Landou?

Munpa n'avait point de projets, il était fatigué, malade, il souhaitait se reposer.

« C'est ce que vous pourrez faire de mieux, lui conseilla l'aubergiste. « Installez-vous dans une petite chambre où vous pourrez rester seul et dormez, mais il faudrait aussi manger un peu, je vais vous envoyer de la soupe. »

Munpa le remercia, replia sa couverture et la porta, ainsi que son sac, dans la chambrette où un domestique le conduisit. Il essaya de manger un peu de soupe mais en put à peine avaler un demi-bol, puis il se recoucha. Il dormit lourdement, d'un sommeil agité plein de rêves confus, et s'éveilla brisé, la tête lourde et douloureusement sensible au moindre bruit. L'aubergiste revint le voir, suggéra de consulter un médecin, proposition que Munpa repoussa énergiquement. Il serait complètement rétabli le lendemain, affirmait-il. Mais le lendemain il était plus mal.

Un grand convoi de marchandises arriva précisément ce

jour-là, créant le vacarme habituel en cette circonstance. L'aubergiste, plus charitable que beaucoup de ses collègues, s'émut de la situation du *Sifan* solitaire et malade. Il retourna le voir.

— Vous ne semblez pas en état de voyager immédiatement. Peut-être une semaine de repos vous sera-t-elle nécessaire. Vous n'êtes pas bien dans une auberge où les voyageurs vont et viennent et font du bruit. Une sœur de ma femme est propriétaire d'une vaste maison, elle vous y donnera volontiers une chambre où vous serez tranquille. Elle en loue parfois à mes clients quand ils ne trouvent pas de place libre chez moi. Vous pourrez manger dans la maison, ma belle-sœur est commerçante, elle a des domestiques qui vous apporteront vos repas. Si vous le voulez, je vais la faire avertir.

Munpa remercia et déclara qu'en effet il souhaitait se reposer et éviter le bruit, qui lui causait des douleurs dans la tête. Il s'installerait avec plaisir dans un endroit paisible, si le prix qu'on lui demanderait ne dépassait pas ses très modestes moyens.

L'aubergiste le rassura sur ce point; il dépenserait moins chez sa parente qu'à l'auberge.

Deux heures plus tard, Munpa s'installait dans une petite chambre située dans la première cour d'une maison de style chinois, d'apparence cossue. Il avait été reçu par des servantes, la maîtresse de la maison étant occupée avec des clients, disaient-elles. Il la verrait le lendemain. Munpa ne s'en souciait pas, il ne souhaitait que s'étendre et dormir.

Peut-être en effet n'avait-il pas besoin d'autre remède. Il demeura ainsi pendant une dizaine de jours, somnolant, avalant les soupes claires — simple eau de riz — que son hôtesse lui faisait porter. La brave femme le traitait à la mode chinoise, qui est exactement l'inverse de celle du Tibet car, tandis que les dignes Tibétains bourrent leurs malades de nourriture, les Chinois les font jeûner. Munpa, à qui le régime ascétique du monastère de la « Suprême Sérénité » avait été si déplaisant, supporta pourtant sans effort celui bien plus austère auquel son infirmière bénévole le soumettait. La fièvre l'empêchait de sentir la faim et la thérapeutique chinoise se montra efficace dans son cas.

Moins de deux semaines après son arrivée chez la belle-sœur de l'aubergiste, il se trouvait de nouveau sur pied, un peu amaigri mais déjà solide. Ce léger amaigrissement ne lui seyait, d'ailleurs, pas mal. Munpa était un beau gars, et l'obligeante commerçante qui l'avait soigné s'en aperçut. Elle n'avait sans doute pas attendu jusque-là pour lui trouver une mine agréable; cette constatation pouvait avoir quelque peu aidé à la naissance de la sympathie qu'elle avait témoignée au voyageur esseulé et malade...

Munpa n'avait pas jugé utile d'informer son hôtesse de sa condition de membre d'un ordre religieux. Les marchands, ses compagnons de voyage, l'ignoraient aussi. La plupart des *trapas* — et, disent les méchantes langues, des dignitaires ecclésiastiques eux-mêmes — ne se sentent guère moines en dehors des monastères et, une fois l'enceinte de ceux-ci franchie, font volontiers bon marché des règles monastiques, notamment de celles qui concernent l'abstinence des boissons alcooliques et la chasteté. Munpa ne faisait pas exception et, sur ce dernier point il n'était pas entièrement dépourvu d'expérience. Il n'eût probablement pas songé à l'attaque, mais il ne se déroba point à la riposte.

La *némo* [1], ainsi que le *dokpa* l'appelait d'après la mode de son pays, ne manquait pas d'attraits. A son sang mongol, hérité d'un métissage fréquent en pays de frontière, elle devait une taille élevée et une large carrure, qui la différenciaient nettement des fluettes Chinoises de race plus pure. A sa vigueur physique s'associait une égale vigueur morale : la *némo* avait le sens des affaires et menait rondement le commerce important à la tête duquel elle s'était trouvée à la mort de son mari, survenue trois ans auparavant.

Elle venait d'atteindre la trentaine lorsque Munpa arriva à Sidou. Jusque-là, son veuvage ne lui avait jamais pesé. En vérité, tout absorbée par les soins de son négoce, elle ne s'en était guère aperçue. Elle n'était aucunement

---

1. *Némo* (gnasmo) : « maîtresse du logis ». Il est d'usage au Tibet, d'appeler de ce nom, en s'adressant à elle, toute maîtresse de maison d'une classe sociale inférieure ou moyenne. Les femmes d'un rang supérieur sont dénommées *tcham koushog* (Itcham skuchog) ou, si elles sont de haute noblesse : *lha tcham koushog* (lha Itcham skuchog).

sentimentale, reléguait la sensualité en marge de ses occupations « sérieuses », comme une sorte de divertissement bon à occuper les moments de loisirs, mais qui ne devait pas distraire une femme raisonnable comme elle de la poursuite du seul but important qui soit au monde : s'enrichir. L'idée de quelques jeux avec Munpa ne lui déplaisait pas, lui souriait même, mais elle y avait bientôt associé une autre : un calcul de femme « raisonnable ». Elle n'éprouvait pas le désir de se remarier, c'était entendu, mais quoiqu'elle se jugeât capable de tenir bien en main le personnel de commis à son service, la présence d'un homme dans la maison pourrait être utile, et s'il s'agissait d'accompagner et de surveiller un convoi de marchandises, ce qu'elle ne pouvait faire elle-même, Munpa serait là très à propos.

Eh!... la jolie veuve réfléchissait. Elle répugnait à pousser trop avant l'examen de ses sentiments, il lui en eût coûté de devoir s'avouer que le beau *dokpa* suscitait en elle le désir de connaître son étreinte. Comment ce mâle du pays des barbares faisait-il l'amour?... La *némo* n'était pas une femme volage. Elle n'avait connu qu'un homme : son mari, mais il l'avait quittée pour le monde des esprits; depuis trois ans sa chair jeûnait, et elle venait seulement d'avoir trente ans...

S'étant dûment persuadée qu'elle envisageait principalement l'intérêt de ses affaires, et satisfaisant par là l'estime qu'elle tenait essentiellement à garder d'elle-même, elle annonça à Munpa que, puisqu'il était guéri, il devait recommencer à manger normalement, à bien manger, pour reprendre des forces, et que, pour simplifier le service, il vaudrait mieux qu'il prît ses repas avec elle... Elle lui apprit aussi que son nom était Nénuphar rose, et le reste s'ensuivit selon le cours habituel des choses.

Physiquement, Munpa jouissait de nouveau d'une parfaite santé, mais mentalement il demeurait déprimé. L'énergie qui l'avait soutenu depuis son départ de l'ermitage du *gömpchén* s'était épuisée dans la recherche vaine à laquelle il s'était livré. Le *dokpa* n'était pas l'homme des entreprises à long terme, qui demandent de la persévérance et des manœuvres savamment calculées. Il n'avait rien d'un policier traquant un criminel. Il avait cru aisé de retrouver Lobzang et la turquoise miraculeuse; il ne les avait point trouvés, aucun indice ne lui indiquait la voie à suivre pour parvenir à son but, il ne s'efforçait plus d'en découvrir un, une lourde fatigue mentale pesait sur lui et le retenait pour de longs moments immobile, vide de toute pensée.

Ses relations avec Nénuphar rose ne retenaient guère son attention : sa maîtresse ne lui déplaisait pas, elle ne l'attirait pas davantage. Le rustique fils des âpres solitudes tibétaines ne manquait pas de virilité, mais, dans ses entrevues intimes, celle-ci se teintait d'une distraction nonchalante qui dépitait sa partenaire. Il négligeait aussi de solliciter ces colloques, ce que la *némo* jugeait offensant pour elle. Imaginant qu'un indigène du pays des barbares ne trouvait pas dans la cuisine chinoise les stimulants qui lui étaient utiles, Nénuphar rose lui offrait certains jours un menu tibétain : une énorme pièce de viande légèrement bouillie et juteuse, la soupe dans laquelle nagent les boulettes de viande, des carrés d'omelette et d'autres préparations à l'honneur au Pays des Neiges, sans oublier d'arroser généreusement les repas d'une forte eau-de-vie. Munpa ne s'y trompait point. Chaque fois qu'au lieu des bols de riz, avec les multiples petits plats de ragoûts et de condiments qui les accompagnent, un gros quartier de mouton ou de porc était déposé sur la table, il comprenait ce que l'on requérait de lui et accomplissait sa tâche sans rechigner, mais sans l'enthousiasme que Nénuphar rose aurait souhaité. En fait, Munpa s'ennuyait.

Il n'avait pas manqué de comprendre que son hôtesse l'employait à surveiller ses commis, à accomplir diverses tâches dans ses entrepôts, toutes besognes pour lesquelles il n'était point fait et qui ne s'accompagnaient d'aucune rétribution en dehors du logement et de la nourriture. La *némo* croyait-elle que les faveurs qu'elle lui dispensait constituaient un paiement suffisant?... Ne jouissait-elle pas aussi des siennes? Nous sommes quittes, pensait le réaliste Tibétain.

Il songeait à quitter Sidou. Pour aller où? pour quoi faire? Il ne le savait pas encore, mais ce qui lui paraissait certain c'était qu'à Sidou il perdait son temps. Une conversation qu'il surprit mit fin à ses dernières hésitations.

Deux des employés de la commerçante parlaient entre eux.

— La patronne va expédier un convoi à Diwa [1], disait l'un d'eux. Le *Sifan* doit l'accompagner avec deux chameliers.

— Grand bien lui fasse, renchérit l'autre. Il avalera le sable du grand Gobi. Ils voyageront de nuit, sans doute, il commence à faire trop chaud sur la route pendant le jour; ils étoufferont dans les auberges ou sous leur tente. Agréable voyage! Je l'ai fait deux fois et je m'en souviens. Et les chameliers seront des *Hoeui-hoeui* [2] qui parlent le dialecte de là-bas. Le *Sifan* les comprendra à peine. Ce sera gai pour lui.

— « Les *Hoeui-hoeui* s'apercevront que le *Sifan* a été envoyé pour les surveiller, ils le regarderont de mauvais œil. Ce n'est pas prudent de traverser le désert avec des *Hoeui-hoeui* que vous gênez. Je n'aimerais pas être à la place du *Sifan*. Est-ce qu'il aura un gros profit?

— Eh!... j'en doute. La patronne a la main serrée. Elle pense sans doute que coucher avec lui est un paiement suffisant.

— Crois-tu qu'elle finira par l'épouser?

— Jamais! Elle est trop fière pour cela. Pense donc, un homme du Chinghai, autant dire un sauvage! Il est venu ici comme muletier de marchands de Kashgar, il ne possède rien que ses hardes. Le défunt patron était riche, fils de commerçants riches, elle a hérité de ses biens, et n'est pas d'humeur à les partager avec un amoureux.

— Cela m'étonne, qu'elle en ait pris un, dit l'autre commis. On ne lui en avait jamais vu.

— Bah!... l'humeur des femmes est bizarre. Le *Sifan* ne lui fera jamais perdre de vue ses intérêts, tu peux m'en croire.

— Les deux hommes s'éloignèrent, allant ailleurs vaquer à une autre besogne.

— Munpa en avait entendu suffisamment. Rien dans

---

1. Diwa est *Tiwa fou,* le chef-lieu de la province de Sinkiang, le Turkestan chinois, ancienne Dzoungarie. *Tiwa fou* est le nom que les Chinois ont donné à cette ville dont le nom était *Ourountsi.*
2. Des indigènes musulmans de race non chinoise; par extension les Chinois de l'ouest dénomment ainsi tous les musulmans. Les Tibétains prononcent leur nom comme Heu-Heu.

les dires des commis ne l'étonnait. Il ne croyait pas avoir inspiré une véritable passion à la *némo*; du reste, Munpa n'imaginait pas ce que pouvait être une profonde passion. Ce genre de sentiment est plutôt étranger aux pasteurs du Tso-Nieunpo. Il avait bien compris que son hôtesse se divertissait simplement avec lui et il se prêtait à sa fantaisie, mais il n'entendait pas qu'elle la dupât.

Il s'en irait donc, mais il ne voulait pas fuir comme un méprisable vagabond. Il dirait poliment à la *némo* qu'il désirait continuer son voyage, achèterait des provisions — il entendait cette fois, les payer, il ne voulait pas qu'on lui en fasse l'aumône — et il quitterait Sidou. Où irait-il? Il déciderait cela en cours de route, lorsqu'il serait libéré de l'influence de son hôtesse.

D'étranges pensées le hantaient depuis quelques jours; la résolution qu'il avait prise de quitter la maison de Nénuphar rose lui remettait en mémoire son départ — presque une fuite — du monastère de la « Grande Sérénité ». Là aussi il se serait facilement attardé dans une lâche nonchalance et l'oubli de la tâche qui lui incombait, tandis que, dans son ermitage rocheux, là-bas, très loin dans les solitudes du Chinghai, son Maître Gyalwai Odzér, rigide sur son siège de méditation, attendait la turquoise renfermant « sa vie » pour reprendre cette vie dans son corps de chair et ranimer celui-ci.

Munpa, qui avait commencé par soupçonner que la turquoise pouvait être la vie d'Odzér, s'en était, peu à peu, pleinement convaincu. Son crime, en relâchant ses efforts pour la retrouver, lui apparaissait d'autant plus grand.

— Combien de temps s'était-il écoulé depuis qu'il avait quitté les Tchang thangs après la nuit terrible qu'il avait passée auprès d'Odzér assassiné? — Il ne s'en rendait pas bien compte. Cet événement lui paraissait remonter à une époque très, très lointaine...

— D'autres pensées s'agitaient aussi dans son esprit fatigué. Ces fresques qu'il avait contemplées chez les moines, à la « Suprême Sérénité »... Ces fresques par lesquelles il s'était senti happé, dans lesquelles il allait être incorporé, il s'en était arraché, il en était sorti... Un doute horrible se dressait dans son esprit : *s'en était-il vraiment arraché? Était-il vraiment sorti du monde aux foules grouillantes dont le mur offrait l'image?...*

Tout ce qu'il avait fait, ce qu'il avait vu depuis qu'il s'était enfui du monastère de la « Suprême Sérénité » — ou qu'il avait cru fuir — tout cela se trouvait peint dans la fresque. On y voyait des marchands achetant, vendant, des voyageurs escortant des convois, des caravanes de longues files de chameaux. On y voyait des paysages verdoyants et des déserts de sable jaune parsemés d'ossements de bêtes et d'hommes morts de soif. On y voyait des villes, des tours, des murailles pareilles à celle qui, on le lui avait dit en cours de route, entourait la Chine, et ne s'était-il pas *vu*, un jour, mêlé dans la fresque à un groupe de cavaliers, puis se déplaçant, s'enfonçant dans le paysage, s'enfonçant dans le mur, dans le monde magique des petits personnages? Se pouvait-il qu'il s'y fût réellement enfoncé et que tout ce qu'il avait vécu (son voyage avec les marchands de Kashgar, l'auberge, sa maladie, Nénuphar rose), tout cela fût autant d'épisodes s'inscrivant dans le cadre de la fresque ou qui s'y trouvaient *déjà* inscrits et *dans* lesquels il prenait simplement place, s'incarnant dans les acteurs qui y jouaient un rôle, faisant les gestes qu'on leur voyait faire alors qu'il se croyait être Munpa vivant une histoire personnelle et neuve?

Munpa avait pris l'habitude de flâner chaque jour pendant quelques heures à travers la ville. Maintenant ces promenades contribuaient à le confirmer dans l'idée qu'il se mouvait *dans* la fresque. Cette idée produisait en lui un détachement particulier. Il s'amusait du spectacle de la rue, du décor qui l'environnait. Tout cela, il l'avait déjà vu sur la fresque et, lui, personnage de la fresque, circulait parmi les autres personnages. Il y avait là un jeu bizarre, rien de sérieux, il n'y avait rien d'autre à faire que poursuivre sa promenade *dans le mur*. Il y rencontrerait sans doute Lobzang et la turquoise, il y reverrait Gyalwai Odzér, pareil à cet ermite qu'il avait entrevu, un soir, sur la fresque de sa chambre à la « Suprême Sérénité », et que, le lendemain, il n'avait pu retrouver. Peut-être celui-là était-il Gyalwai Odzér lui-même, qu'il n'avait pas reconnu. Gyalwai Odzér existait sans doute *dans* la fresque... Il y avait toujours existé... « *Le monde n'était qu'une fresque peinte sur le vide...* » Il lui semblait avoir entendu une déclaration semblable faite par le *gömpchén* à ceux de ses disciples qu'il jugeait dignes d'être instruits.

Puis les imaginations de Munpa se poursuivaient avec une sorte de logique.

Il était *entré* dans la fresque. Il était arrivé à l'admettre, mais entré comment? L'acte d'entrer suppose une *ouverture* qui le permette. On entre par une porte, par une fenêtre, par une crevasse dans le roc, une brèche dans un mur, etc. Des *doubtobs,* de grands saints, entrent aussi en passant *à travers* des portes, *à travers* des murs, des montagnes. De nombreuses histoires rapportent ces exploits et Munpa ne doutait pas qu'ils n'eussent été réellement accomplis. Mais toujours le point de pénétration existait. Lui ne se rappelait pas par où il s'était introduit dans la fresque. C'était un oubli fâcheux mais qui ne changeait rien au fait qu'il s'était introduit ou qu'*on l'avait introduit* et, dans l'un comme dans l'autre cas, subsistait le problème de l'*ouverture* par où il était passé.

Forcé de reconnaître qu'il ne se rappelait rien à ce sujet, Munpa se tournait vers un autre aspect de la question.

Quelle qu'ait pu être l'*ouverture* qui avait permis son passage, elle pouvait avoir deux fins : servir à entrer et servir à sortir. La seule difficulté consistait à la trouver. On l'avait franchie dans un état d'inconscience, ensuite on ne parvenait pas à la distinguer dans le décor environnant. Là était le secret. Tous les personnages qui s'agitaient dans la fresque étaient des prisonniers incapables de trouver la porte de leur prison. Pourrait-il en être capable, lui?...

Ruminant ces extravagances, il scrutait, dans ses promenades à travers la ville, les larges portes des temples, les portes étroites des maisons pauvres dans les ruelles, les fenêtres s'ouvrant sur des balcons; un mur fendu retenait son attention; au-delà des pierres écroulées l'on apercevait un jardin, un champ, mais n'étaient-ils pas encore des images de la fresque, un trompe-l'œil destiné à duper ceux des prisonniers qui, comme lui, auraient pu comprendre leur situation et décider de s'échapper?

Il n'en était pas encore venu à tenter des reconnaissances au-delà de certaines portes, de certaines ouvertures. Il n'avait pas tout à fait perdu pied dans le monde réel et craignait de se singulariser au point de leur paraître fou.

C'est alors qu'un jour où, absorbé dans ses investigations insolites, il déambulait par la ville, il se heurta à deux passants portant des robes bleues de forme spéciale et coiffés à la façon des *tao-sses*. Le choc et l'aspect particulier de ces deux individus tira Munpa de ses rêveries et y substitua une idée typiquement tibétaine.

Avant de partir en voyage ou d'entreprendre quelque chose d'important, les Tibétains ne manquent jamais de consulter un *mopa,* qui doit leur révéler la conduite qu'il sera bon pour eux de tenir.

Les *tao-sses* passent pour être très versés dans l'art des *mos* [1]. Il consulterait donc ceux qu'il venait de rencontrer si inopinément. Cette rencontre pouvait être le « signe » qu'il attendait. Immobile, Munpa regardait les deux *tao-sses* qui, eux aussi, s'étaient arrêtés, étonnés de voir ce Tibétain à la nature imposante les considérer les yeux écarquillés, sans rien dire.

Cependant son hésitation ne dura pas longtemps : brusquement rentré dans sa mentalité de Tibétain, il pria les *tao-sses* de l'obliger en lui indiquant par un *mo* l'endroit où il convenait qu'il se rende en quittant Sidou. Des requêtes analogues sont souvent adressées aux *tao-sses* nomades. La pratique de la divination constitue, même, une part importante de leurs ressources.

Ils acquiescèrent immédiatement au désir de Munpa et lui proposèrent de se rendre avec eux dans un temple où ils pourraient s'installer pour procéder tranquillement à la consultation du sort. Il était évidemment impossible de le faire debout dans la rue, parmi la cohue des passants.

Munpa approuva leur idée.

Dans le temple, les tao-sses avisèrent une chapelle où trônait un personnage à la longue barbe blanche, qui souriait avec cet air malicieux que les artistes chinois excellent à donner à leurs vieillards. Celui-ci rayonnait d'une infinie bienveillance; il fut immédiatement sympathique à Munpa qui s'assit, comme les tao-sses l'y invitaient, sur les degrés de l'autel aux pieds de l'aimable génie.

1. *Mo* : pratique divinatoire à laquelle les Tibétains ont continuellement recours. *Mopa* : un expert dans l'art des mos.

La façon d'opérer des devins est à peu près la même dans tous les pays du monde. Munpa avait vu ceux du Tibet lancer des haricots ou des cailloux sur des carrés d'étoffe portant, imprimés, des dessins symboliques, ou bien jeter les dés et compter les points qu'ils amenaient pour se rapporter au numéro correspondant d'un article d'oracles où se lisait la prédiction ou le conseil concernant le consultant. Il connaissait également la manière d'obtenir des augures en faisant fendiller sur le feu des omoplates de mouton. Il avait assisté à bien d'autres pratiques encore, aussi le manège des *tao-sses* ne l'étonna-t-il pas, mais il était impatient de connaître la réponse à la question qu'il avait posée : « Où dois-je aller en quittant Sidou? »

Les *tao-sses* firent bonne mesure des môméries à leur client pour récompenser la générosité qu'il avait montrée en leur payant leurs honoraires.

Enfin l'un d'eux déclara solennellement :

— Il vous est dit de marcher suivant la route du soleil.

— La route du soleil, répéta Munpa qui ne comprenait pas le sens de cet oracle.

A ce moment un vieux petit Chinois, qui s'était approché en voyant les *tao-sses* étaler leurs grimoires, suggéra une explication :

— Le soleil se lève à l'est, dit-il, il se couche à l'ouest, vous devez marcher vers l'ouest.

Les deux *tao-sses* hochèrent la tête en signe d'approbation.

Le petit vieux ne laissa pas à Munpa le temps de méditer sa suggestion. Il avait vu l'offrande généreuse que le *Sifan* avait déposée devant les *tao-sses* avant la consultation.

— Vous devriez, lui dit-il, pour être mieux éclairé, demander une réponse au « Vénérable Céleste [1] », et sa main désignait la statue de l'ancêtre à la barbe blanche qui trônait sur l'autel.

Puis, se présentant, il ajouta : « C'est moi qui suis chargé de son culte. »

En même temps, il tendait à Munpa le vase contenant les

---

1. *T'ien tsouen:* dans le panthéon taoïste, un Immortel de rang élevé.

tablettes divinatoires que l'on agite pour consulter le sort, obtenir des conseils, etc. [1]

Munpa ne songea pas à résister. Il déposa comme il se doit quelque monnaie sur l'autel du « Vénérable Céleste » dont l'aimable sourire paraissait encourager de telles générosités.

Le *Sifan* manquait de la dextérité qu'ont acquise les Chinois coutumiers de cette pratique. Il secoua rudement le vase, plusieurs tablettes volèrent au loin, s'éparpillant sur les marches de l'autel. Le vieux sacristain les ramassa, lut les inscriptions et annonça :

— La réponse est confuse ; vous êtes entouré par des êtres de différente nature. Il vous sera difficile de vous diriger suivant la ligne favorable.

Munpa qui était entré perplexe dans le temple se trouva plus perplexe encore après ces deux consultations. Il demeurait debout, comme figé sur place, ses regards errant du vieux Chinois à la statue du « Vénérable Céleste » dont le sourire, plus que jamais, décelait une indicible commisération pour les pauvres humains en proie à de multiples soucis.

Le charitable sacristain le tira de son engourdissement. Il n'avait pas manqué de noter que le *Sifan* n'était pas dépourvu de moyens et en usait libéralement. Il seyait donc de l'assister à ce faire.

— Je vois, dit-il à Munpa, que vous ne saisissez pas bien le sens de ce qui vous a été dit. Votre cas est peut-être compliqué et demande à être examiné en détail par quelqu'un possédant une grande compétence. Ici, dans le jardin de ce temple, habite un très saint *tao-che*[2]. S'il daignait vous recevoir, il vous donnerait des éclaircisse-

1. Le récipient en bambou contient de nombreuses tablettes minces et longues. Celui qui demande un oracle secoue cette sorte de vase en le tenant à deux mains. Les secousses font mouvoir les tablettes tant qu'une ou plusieurs d'entre elles sautent hors du récipient. Le devin lit alors ce qui est écrit sur ces tablettes et interprète pour le profit du consultant ce qu'il y a lu. Parfois il consulte, en plus, un livre d'oracles, en se rapportant à l'article indiqué sur la tablette.
2. De même que les étrangers dénomment indifféremment *lama* tous les religieux tibétains bien que, seuls, les dignitaires ecclésiastiques aient droit à ce titre, ils appellent aussi *tao-sse* tous les religieux taoïstes. C'est là une erreur. Les fidèles taoïstes ordinaires sont des *tao-min*, les *tao-ches* sont ceux qui ont pratiqué un entraînement spirituel d'ordre supérieur et qui sont des adeptes en sciences occultes.

ments sur tout ce qui peut vous troubler. Pour vous obliger, je lui parlerai de vous. Revenez demain matin, je vous dirai s'il vous est permis de le voir...

Ayant dit, le Chinois regarda Munpa d'un air engageant et significatif, qui ne demandait pas le secours d'un interprète pour être compris. Munpa comprit, déposa quelque monnaie dans la paume qu'on lui présentait.

Le lendemain matin, il se rendit au temple. Le sacristain le guettait.

— Vous êtes heureux, dit-il à Munpa, le *tao-che* veut bien vous voir. Surtout ne lui donnez pas d'argent, il n'en accepte pas. Il laisse ses visiteurs témoigner leur reconnaissance à moi, qui suis son serviteur. Mais vous pouvez lui présenter des fruits, des fleurs et un paquet de bâtons d'encens. Je vous en fournirai. Suivez-moi.

Il emmena Munpa dans une dépendance du temple où il vendait aux fidèles les articles requis pour leurs offrandes, remplit de fruits un joli petit panier, posa quelques fleurs sur les fruits et, sur le tout, coucha un paquet de baguettes d'encens. Munpa paya et, portant le panier, fut conduit dans un jardin contigu au temple. Au fond du jardin s'élevait un petit pavillon. C'était la demeure du *tao-che*. Le sacristain n'y pénétra point, un serviteur se chargea d'introduire Munpa.

Le *tao-che* était un vieillard ressemblant quelque peu au « Vénérable Céleste » aux pieds de qui Munpa avait secoué des baguettes divinatoires. Celui-ci remarqua la ressemblance; mais, bien que leurs physionomies fussent très différentes, il nota plutôt une parenté d'expression entre le visage du *tao-che* et celui du Supérieur de la « Grande Sérénité ». Il en ressentit une certaine appréhension. Une nouvelle manifestation de magie était-elle à craindre?...

Cependant le *tao-che* ne se confinait pas dans un silence inquiétant comme le faisait le Supérieur. Tout de suite il parla :

— Assieds-toi, dit-il à Munpa. Qu'est-ce qui te trouble? Pourquoi demandes-tu quelle route tu dois suivre?... Où veux-tu aller? Quel est le motif de ton voyage? Tu es un Tibétain, que fais-tu par ici?... Es-tu un marchand?...

Munpa se sentit mis à l'aise par cette série de questions qui se rapportaient aux activités du monde normal. Il n'y avait pas de sorcellerie là-dessous. Mais précisément parce qu'elles étaient simples, naturelles, directes, les questions posées par le *tao-che* demandaient des réponses claires et nettes. Il fallait lui répondre. Il attendait.

A la différence du mystérieux et terrible Supérieur de la « Suprême Sérénité », le *tao-che* ne regardait pas « en dedans », il fixait Munpa d'un regard pénétrant qui ne vacillait pas.

Munpa devait se décider.

— Je poursuis un voleur, déclara-t-il.
— Tu as été volé?
— Non pas moi, mais un ermite que je servais.
— Oh! vraiment, un ermite. Et que lui a-t-on volé?
— Un reliquaire en argent.
— C'est cet ermite, ton maître, qui t'a commandé de poursuivre le voleur?

Munpa sentit qu'il perdait pied. Il resta muet.

— Où vit cet ermite, ton Maître? poursuivit le *tao-che*.
— Au Chinghai, répondit Munpa.
— Ton maître a-t-il une raison particulière de soupçonner que son voleur puisse être à Sidou ou dans les environs. Pourquoi t'a-t-il envoyé ici?...

Munpa ne répondit pas.

Alors, changeant de ton, le *tao-che* lui demanda brusquement :

— Est-ce vrai tout ce que tu me racontes?... Il me paraît que tu inventes une histoire. Pourquoi?...

Le vieux *tao-che* qui, l'instant d'avant, ressemblait au souriant « Vénérable Céleste », avait pris un air dur, voire menaçant.

— Je ne t'ai pas appelé, dit-il, s'adressant à Munpa. Je ne me soucie pas de tes affaires. Tu as demandé à me voir. Est-ce pour me raconter des mensonges?...

— Je vous demande pardon, balbutia Munpa. Je n'ai pas voulu vous offenser. Je suis très malheureux... Toutes sortes de choses tournent autour de moi... Je ne sais plus que faire...

— Retourne près de l'ermite que tu servais. Tu lui diras que tu n'as pas réussi à trouver le voleur de son reliquaire. Il arrive souvent qu'un voleur ne soit pas découvert. La Chine est vaste, il n'y manque pas de place pour se cacher.

— Mon très saint Maître est mort, murmura Munpa.

Et tout de suite après avoir énoncé cette déclaration, la même peur qui l'avait déjà saisi une autre fois, après l'avoir faite, le fit frissonner de la tête aux pieds : Gyalwai Odzér était-il véritablement mort?...

— Il est mort, dit le *tao-che*. Alors, c'est immédiatement après ses funérailles que tu es parti à la poursuite du voleur? Et qu'a-t-on fait du corps de l'ermite? Vous autres *Sifans* vous brûlez souvent vos morts. On dit aussi que vous abandonnez leur corps sans sépulture sur les montagnes.

Le *tao-che* eut une moue de dégoût.

— Une coutume de sauvages, déclara-t-il.

Munpa était au supplice.

— Je n'ai pas vu les funérailles, confessa-t-il. Je suis parti tout de suite.

Le *tao-che* demeura quelques instants silencieux, réfléchissant, puis il s'adressa de nouveau à Munpa.

— Écoute, lui dit-il. Je sens que tu ne veux pas m'apprendre toute la vérité. Peu importe, cela te regarde. Sache seulement ceci : chacun de nous a dix âmes : trois *houen* qui sont d'une essence supérieure et sept *p'o* qui sont des esprits inférieurs. Ces dix esprits se divisent à la mort de l'individu; chacun d'eux suit son chemin particulier et subsiste plus ou moins longtemps, après quoi il se dissout dans le non-organisé (le chaos).

« Quelques hommes de haut mérite qui ont pratiqué un savant entraînement spirituel parviennent à l'état de *chen jen* (d'homme-esprit) et sont immortels. Les esprits inférieurs demeurent pour un temps attachés au corps, rôdant autour de son tombeau. Les trois *houen,* s'ils ne sont point parvenus à l'état d'Immortels sont entraînés vers les dix Juges des morts qui assignent à chacun d'eux le sort qu'il a mérité par ses actes bons ou mauvais, et le nombre d'années qu'il aura à vivre dans la nouvelle vie qui va commencer pour lui. »

Munpa savait qu'un nombre déterminé d'années de vie est attribué à chacun de nous. Tous les Tibétains savent cela. Il n'avait pas compris très clairement les explications données par le *tao-che*, mais la question du nombre des années arrêta son attention.

— Se peut-il, hasarda-t-il, que ce nombre d'années finisse par un accident causant la mort?

Le *tao-che* le regarda avec insistance:

— Quoi? L'ermite, ton Maître, n'est-il pas mort naturellement, de vieillesse ou de maladie?

— Il a été assassiné, avoua presque malgré lui Munpa.

— Assassiné! s'exclama le *tao-che*. Tu l'as tué!...

— Non, oh! non, pas moi! protesta véhémentement Munpa, saisi d'horreur à la pensée d'un tel crime.

— Je comprends, c'est son assassin que tu poursuis, dit le *tao-che* un peu remis du choc qu'il avait éprouvé en croyant avoir un assassin devant lui.

— Oui, déclara Munpa. Mais des choses... des démons... s'agitent autour de moi... je ne sais plus où je suis... où je dois aller... C'est comme un rêve fou...

— Tu me l'as déjà dit, je comprends mieux à présent...

« Ton Maître est-il devenu *shen-jen,* je n'en sais rien. S'il ne l'est pas, il doit continuer à errer, désincarné, sur la terre, jusqu'au moment où le nombre des années qui lui ont été assignées sera épuisé. Les âmes supérieures sont généralement bienveillantes. Les esprits inférieurs...

« Je te le demande encore une fois, le corps de l'ermite a-t-il été incinéré ou enterré? Quelle est la coutume dans ton pays?

— J'ai... j'ai laissé le corps assis sur son siège de méditation... j'ai placé des offrandes devant lui et je suis parti en grande hâte. Mon Maître vivait en reclus, il ne recevait que de très rares visites. Il a pu s'écouler un ou deux mois, peut-être davantage, avant qu'on s'aperçoive de sa mort.

— C'est cela, s'écria le *tao-che*, les sept esprits inférieurs qui habitaient ton Maître se sont libérés, ils sont devenus des *kouei* (démons). Certains d'entre eux se sont attachés à toi et ces êtres malicieux tentent de te nuire en jetant la confusion dans tes idées et en dressant des embûches sur ta route. Cependant, un des esprits supérieurs de ton Maître a pu aussi te suivre pour t'assister de sa bienveillante protection...

Le *tao-che* demeura silencieux. Munpa attendait la suite de son discours. Qu'allait-on lui conseiller? Tout à coup, le tao-che tressaillit, paraissant sortir d'un état de profonde réflexion. Il regarda Munpa comme s'il ne l'avait pas encore vu et lui dit brusquement :

— Eh bien! te voilà renseigné. Va, maintenant.

Son geste congédiait; il se leva et passa dans une autre pièce.

Munpa, laissé seul, stupéfait, resta pendant un moment debout en face du siège vide du *tao-che,* puis sortit du pavillon. Le domestique qui l'avait introduit le reconduisit jusqu'à l'entrée du jardin. Munpa traversa le temple et se retrouva devant la grande porte dans la rue.

De même, quelques semaines ou quelques mois auparavant — la notion du temps lui échappait — il s'était trouvé dans la rue, hors du porche du monastère de la « Suprême Sérénité »... Mais, cette fois, il était loin du caravansérail où il avait reçu un accueil amical, et le pauvre *Sifan* se sentait plus désemparé que jamais.

CHAPITRE VI

Le caravansérail de Landou et son affable patron, M. Chao, étaient loin, tout près était la maison de la veuve qui servait depuis quelque temps de foyer à Munpa. Foyer provisoire, il l'avait toujours considéré ainsi et, maintenant, il allait le quitter; mais en attendant, il ne pouvait demeurer planté comme un pieu à la porte du temple; des fidèles entraient, qui le heurtaient au passage; il devait s'en aller.

Tout en marchant, il repassait dans son esprit ce qu'il avait retenu des paroles du *tao-che* : les esprits multiples qui se séparent après la mort. Les Tibétains connaissent aussi les différents *namshés* [1]. Il existe des *tulkous* séparés incarnant respectivement l'esprit, le verbe et le corps d'un même *lama*. Il y a aussi d'autres *namshés* attachés à chacun des sens. Munpa l'avait entendu dire par les disciples de Gyalwai Odzér discutant entre eux, mais ne savait rien du sort de ces divers *namshés*. Ce pouvaient être les *kouei* nommés par le *tao-che*. Ceux-ci, abandonnant le corps d'Odzér resté dans l'ermitage, l'avaient suivi à son départ, comme ces chiens errant dans les solitudes du Tso-Nieunpo qui se mettent à la suite des caravanes de passage. Tous les Tibétains ne savent-ils pas aussi que des démons errants s'attachent aux voyageurs et pénètrent avec eux dans les maisons où on leur donne l'hospitalité? C'est pour cette raison que, très souvent, l'on refuse de les

---

[1]. Orthographe tibétaine, *Rnan shés* : le principe conscient dans l'individu.

recevoir [1], de crainte que ces démons ne quittent ceux qui les ont amenés et ne s'installent dans la demeure de leurs hôtes.

Sûrement, tous les contretemps qui avaient entravé sa poursuite étaient dus à ces êtres hostiles. Mais le *tao-che* n'avait-il pas dit aussi, qu'un des esprits supérieurs de son Maître pouvait être auprès de lui ?...

Comme il en était là de ses ruminations, il arriva devant la porte du logis de la négociante.

Il se rendit directement dans sa chambre, résolu à annoncer son départ à sa maîtresse au moment du repas du soir. Il partirait le lendemain matin. De préparatifs de voyage il n'en avait pas à faire ; tout son bagage se composait de son épaisse robe tibétaine, de la robe chinoise qui lui avait été donnée au monastère de la « Suprême Sérénité » et qu'il portait sur lui, d'une couverture et d'un grand sac de cuir qu'il remplirait de provisions. Ces quelques articles bien ficelés ne chargeraient pas trop un *dokpa* accoutumé à transporter de lourds fardeaux. Il irait vers l'ouest comme il le lui avait été commandé par l'oracle interprété par les *tao-ches*. Pourquoi l'ouest ?... Ce pouvait être de ce côté que se produirait le miracle qu'il espérait... qu'il attendait.

L'heure du souper vint. Munpa alla, comme d'habitude, retrouver Nénuphar rose dans la chambre où elle prenait ses repas. Un coup d'œil au couvert lui montra que le menu était strictement chinois : pas de grosse pièce de viande préludant à des jeux nocturnes... Munpa respira. Il n'avait pas le cœur à ces bagatelles.

Tout rustaud qu'il fût, Munpa ne manquait pas à sa façon d'une certaine délicatesse. Il ne voulut pas attendre d'avoir profité du repas que lui offrait Nénuphar rose pour lui annoncer son départ.

Avant de s'asseoir il lui déclara donc : « Je partirai demain matin. »

La veuve ne fut pas trop étonnée. Elle avait compris que le *Sifan* n'était pas homme à se fixer dans une ville chinoise et, de son côté, elle le trouvait dépourvu des qualités qui

---

1. L'auteur de ce livre en a fait plus d'une fois la désagréable expérience au cours de ses voyages à travers le Tibet en compagnie de sa mère adoptive, l'exploratrice Alexandra David-Neel.

auraient pu faire de lui un marchand s'intéressant aux transactions commerciales, apte à y devenir expert et capable d'être pour elle un associé utile. Les jeux étaient finis, il n'y avait qu'à se séparer en bonne amitié.

— Tu veux vraiment partir? demanda Nénuphar rose. Où iras-tu?

— A l'ouest, répondit Munpa esquissant un geste vague. Et je te remercie, ajouta-t-il poliment. Tu as été très bonne pour moi.

Il semblait faire allusion à l'hospitalité qu'il avait reçue. Le reste... c'était un hors-d'œuvre qui ne valait pas une mention.

Nénuphar rose parut l'entendre, aussi, de cette manière.

— A l'ouest, répéta-t-elle. Je comprends. Les *Sifans* appartiennent au *Fo-kio*[1]. Tu vas en pèlerinage à Tunhwang vénérer les Mille Bouddhas.

Munpa reçut un choc. Le « signe » attendu venait de se manifester. L'oracle rendu par les *tao-ches* prenait un sens. Il devait marcher vers l'ouest parce qu'à l'ouest se trouvait un lieu particulièrement sacré, la résidence élue par mille Bouddhas. Il n'avait jamais entendu parler de ce *nés*[2]. Voilà qu'on lui apprenait son existence et les événements s'étaient précisément enchaînés pour le conduire à Sidou, vers ce lieu sacré. Merveille!... Nul doute que la bienveillance de Gyalwai Odzér s'étendant sur lui fût à l'œuvre en tout ceci.

Comme Munpa, brodant dans son esprit sur le nouveau roman qu'il venait d'inventer, n'avait rien répondu, Nénuphar rose crut qu'elle avait deviné juste et elle continua :

— Je te donnerai une bonne provision de vivres pour ton voyage et aussi une grande outre pour emporter de l'eau. Elle est rare dans la région que tu vas traverser; il ne faudra pas manquer de remplir ton outre chaque fois que tu en auras l'occasion... Si tu le veux, je te prêterai une

---

1. *Fo* : le nom que les Chinois donnent au Bouddha. *Kio* : religion, soit : le bouddhisme.
2. *Nés* (gnas), littéralement : un lieu, un endroit. A pris dans le langage tibétain courant l'acception d'endroit sacré, ayant été le site d'événements d'une portée religieuse ou la résidence d'un grand saint, etc., et, par la suite, devenu un lieu de pèlerinage.

mule pour porter tes bagages, tu me la ramèneras en repassant par ici.

Tout occupé que fût Munpa de pensées dévotes, une idée malicieuse pointa pourtant au milieu d'elles, née de l'incorrigible mentalité des *dokpas,* admirateurs des bandits de grand chemin, « les braves au cœur puissant » : Nénuphar rose lui semblait bien naïve, et l'occasion de s'approprier une mule s'offrait à lui. Cependant, il rejeta cette idée, non qu'il l'estimât mauvaise en soi, mais parce qu'il ne la jugeait pas opportune alors qu'il se disposait à rencontrer Mille Bouddhas et que, manifestement, la bénédiction de Gyalwai Odzér était sur lui. D'autre part, il ne désirait pas accepter la mule en prêt, ne voulant pas être obligé de revenir à Sidou pour la rendre.

— Merci, dit-il à son hôtesse, mais, pour être méritoire, un pèlerinage doit être effectué à pied. Je prendrai les provisions et l'outre, mais je les paierai.

— Tu ne paieras rien, déclara la négociante d'un ton ferme. Ce serait m'offenser. Tu m'as rendu des services, prends les provisions comme salaire. Je te donnerai aussi quelques bottes de bâtons d'encens, tu les offriras pour moi aux Bouddhas.

Des provisions pour tout salaire, je ne me serai pas enrichi en restant ici. Quant au reste... c'est gratuit; donnant, donnant », pensa Munpa avec ironie.

Tout était dit. Invité à se mettre à table, Munpa ne se fit pas prier et soupa de bon appétit.

Nénuphar rose ne manifesta pas le désir de le retenir pour passer une dernière soirée avec elle, et Munpa regagna sa chambrette. Il avait maintenant l'esprit en paix; il savait qu'il marchait selon un plan élaboré par son très sage Maître, dont l'un des esprits supérieurs, un *houen,* avait dit le *tao-che,* veillait sur lui. Il se coucha et s'endormit aussitôt.

De grand matin, un domestique vint chercher le sac de cuir de Munpa et le lui rapporta bourré de vivres. Il lui donna en plus une grande outre remplie d'eau, des paquets de bâtonnets d'encens et une paire de bottes de cuir.

Il fit ses adieux à la maîtresse du logis et à ses commis, puis chargé de son fardeau bien ficelé, il gagna la route et s'éloigna dans la direction de l'ouest, comme cette caravane qu'il avait vue disparaître peu auparavant, s'enfonçant aux confins de l'horizon, entre le ciel bleu et la terre jaune. Mais, lui, Munpa, était seul.

Munpa, passablement chargé, avançait lentement le long de la route jaune et poussiéreuse, coupant en ligne droite entre des espaces jaunes, poussiéreux et déserts. Le paysage ressemblait, avec une nuance plus accentuée de morne abandon, à celui qu'il avait contemplé en venant à Sidou : un pays agonisant.

Des hautes tours, quelques-unes à demi écroulées, jalonnaient la route, à une bonne distance d'elle; plus loin encore, derrière des tours, à la limite de la portée visuelle, on voyait, réduits par la distance, ces murs qui, ainsi qu'on l'avait dit à Munpa, « enclosaient la Chine ». Il remarquait entre eux de larges brèches et se demandait quelles incursions d'hommes ou de bêtes pouvaient avoir lieu par ces trouées béantes, venant de cet au-delà de la Chine, à n'en pas douter un pays d'ogres et de démons.

Tout près de la route la désolation se faisait tangible. L'on voyait des maisons, des villages entiers désertés. Les maisons restaient souvent à peu près intactes, mais on en avait enlevé tout ce qu'il était possible de transporter; boiseries, portes et fenêtres, poutres des toitures, et leurs habitants étaient partis. Nul cataclysme soudain ne les avait chassés, mais seulement la sournoise et lente progression des sables, qui tarissait le peu d'eau restant dans les rares puits et montait, à l'assaut de la vie, avec la patience perfide d'une force démoniaque sûre de sa victoire. Le sable jaune s'amoncelait contre les murs extérieurs des bâtiments qui avaient été des fermes, il s'introduisait dans les chambres et dans les étables maintenant dépourvues de portes, il y formait d'innocents petits monticules, pareils à ceux que les enfants construisent par jeu, insidieuse avant-garde de la marée mortelle qui s'approchait.

A travers ce paysage de cauchemar, Munpa avançait d'un pas lent et pesant. Ce qui l'entourait ne l'intéressait point, il savait seulement qu'il allait vers les Mille Bouddas, vers le miracle imprécis qu'il attendait, et le soir, le soleil, en se couchant en face de lui, l'assurait qu'il marchait bien vers l'ouest, dans la direction ordonnée par l'oracle.

Vers le soir, Munpa rencontra une auberge. Elle consistait seulement en un enclos pour parquer les bêtes, une cuisine dans laquelle l'aubergiste couchait et une grande pièce pourvue d'un *khang* s'étendant sur toute sa longueur, et sur lequel une douzaine d'hommes ou même davantage, en se serrant, pouvaient s'étendre pour dormir. Il n'y avait pas de caravane de passage ce soir-là. Munpa se trouva seul.

— Avez-vous des provisions ? lui demanda l'aubergiste. Si vous n'en avez pas je puis vous préparer quelque chose.

— J'ai des provisions, répondit Munpa. Mais je vous demanderai de l'eau chaude.

— Très bien, acquiesça l'aubergiste qui rentra dans sa cuisine.

Resté seul, Munpa procéda, sur un coin du *khang*, à l'inventaire de ses ressources.

Nénuphar rose avait libéralement pourvu aux besoins de son hôte. Si Munpa ressentait péniblement le poids du sac dont il était chargé, sa fatigue trouvait une appréciable compensation dans le fait qu'il n'aurait pas à se préoccuper de sa nourriture pendant longtemps.

Le sac contenait plusieurs gros pains ronds, une ample quantité de farine, un gros morceau de porc salé, trois canards fumés, des paquets de *comén* et de *ping* [1], des condiments de diverses sortes : piments, champignons, du thé, du sel, une ancienne boîte de conserve remplie de saindoux, une autre qui servait d'emballage à un petit pot contenant de la sauce au soya. Enfin, Nénuphar rose avait prévu qu'en cours de route, Munpa pourrait avoir à cuire son repas lui-même, et l'avait pourvu d'une petite casserole, d'un gobelet, d'un bol en fer émaillé et d'une paire de baguettes. Il n'était pas étonnant qu'il peinât sous ce poids, mais, assis sur le *khang* devant son trésor étalé, il se réjouissait et regardait l'avenir avec confiance car, pour un Tibétain, manger copieusement est le but principal de la vie. Sagement il décida pourtant de ménager son capital. Il

---

1. *Comén* : nouilles sèches et salées ; *ping* : vermicelles faits avec de la farine de pois chinois (soya).

mangerait d'abord les pains, qui durciraient en quelques jours. Par la suite, il en cuirait d'autres avec la farine qu'il possédait. Il prit donc seulement de l'eau bouillante à la cuisine, comme il en avait informé l'aubergiste, et se confectionna un grand bol de thé. Avant de se coucher, il remballa soigneusement tous ses biens dans son sac, le disposa pour lui servir d'oreiller, puis, ayant jeté sa couverture sur lui, il s'endormit.

Rêva-t-il des hauts pâturages verdoyants, des lacs aux eaux d'azur de son pays natal? Il ne s'en souvint pas à son réveil et lorsque, en se rendant à la cuisine, il alla jusqu'à la porte d'entrée de l'enclos jeter un coup d'œil au-dehors, il revit le même décor désolé de terre jaune et nue s'étendant, uniforme, jusqu'aux confins de l'horizon... Un vrai pays de démons.

— Ce doit être bien triste d'habiter ici, dit Munpa à l'aubergiste en prenant de l'eau bouillante pour faire un bol de thé.

— Oh certes! Mais je n'y resterai plus longtemps. Bientôt j'en serai délogé comme les autres.

— Quels autres?

— Ceux qui vivaient par ici. Vous n'avez pas vu sur votre route les villages abandonnés?

— Oui, mais... pourquoi?...

— Le sable. Tenez, venez voir.

L'aubergiste conduisit Munpa à la grande porte, lui montrant un tumulus saillant à une petite distance de celle-ci.

— Il y avait là un groupe de maisons, dit-il. Les habitants sont partis voici trois ans et, voyez, on ne distingue même plus la forme des maisons; le sable s'est entassé sur elles. Et puis, là, plus à gauche, voyez, c'est une ferme. Elle est encore debout, mais le sable monte autour d'elle; les fermiers sont partis l'année dernière. Moi je partirai l'hiver prochain, le puits sera à sec, et le sable que le vent jette contre le mur du fond de la cour est près de dépasser sa hauteur et de se déverser à l'intérieur.

— C'est une malédiction! s'exclama Munpa. Qu'ont donc fait les gens de ce pays pour être ainsi punis?

— Je n'en sais rien. Les vieux racontent que leurs pères à eux prétendaient que, de leur temps, il y avait ici des champs, des arbres, de la verdure, et des savants venus de

Pékin ont fouillé dans la terre et trouvé les ruines de grandes villes et de temples avec des images de Fo, des images peintes sur les murs et aussi des statues. Le *Gobi*[1] a tout mangé... Est-ce que vous vénérez Fo?

— Certainement, dit Munpa. Je vais en pèlerinage aux Mille Bouddhas.

— Ah! à Tunhwang! Je n'y ai jamais été, mais on dit que c'est un lieu très saint. Il y a beaucoup, beaucoup de Bouddhas sous la terre; il y en a tant que personne ne peut les compter et, si l'on essaye de les compter, il en vient de plus en plus.

— *Ya tsén*[2]! s'exclama Munpa, débordant d'admiration et de foi. Y a-t-il loin d'ici là? demanda-t-il à l'aubergiste.

— Eh! répondit celui-ci, la véritable distance est celle que *sent* le voyageur, ce n'est pas tant celle des *lis*[3]. Un homme fatigué ou faible trouve long un trajet qu'un voyageur robuste franchit sans s'en apercevoir. Vous paraissez solide... et vous avez de quoi soutenir vos forces, ajouta-t-il en voyant Munpa attaquer une cuisse de canard fumé qu'il avait été chercher dans son sac. « Vous pourrez arriver dans trois ou quatre jours, je pense. »

Munpa termina son repas, paya l'aubergiste et se remit en route.

Malgré l'enthousiasme qu'il ressentait à l'idée de « rencontrer[4] » les si nombreux Bouddhas, le paysage uniformément morne parmi lequel il se mouvait commençait à l'influencer péniblement. Son fardeau pesait plus lourdement qu'il n'aurait normalement dû le faire. Il avançait lentement. Le soir vint avant qu'il ait atteint une auberge que son hôte de la nuit précédente lui avait indiquée comme marquant le terme de l'étape suivante des

---

1. *Gobi* dans le langage du pays signifie « un désert », n'importe quel désert. Ce n'est pas le nom propre d'une région particulière comme nos cartes le laissent croire. Cette région est dénommée par les indigènes le « grand Gobi ».
2. *Merveille!* exclamation tibétaine exprimant un étonnement admiratif d'un haut degré.
3. *Li :* mesure de distance chinoise.
4. *Djalwa* (mdjal ba) : rencontrer, expression tibétaine qui s'applique non seulement à la rencontre de personnes, mais à la *vue* de monuments religieux ou d'autres objets vénérables.

caravaniers. Un groupe de maisons à demi ensablées se voyait à une petite distance de la route. Munpa s'y établit.

La température le favorisait; il avait l'heureuse chance d'effectuer son voyage au printemps. En hiver, sur cette même route, des voyageurs isolés qui, fatigués, commettent l'imprudence de s'arrêter pour dormir, meurent de froid pendant leur sommeil, tandis qu'au milieu de l'été certains tombent frappés de congestion à cause de la chaleur torride. Mais Munpa pouvait reposer confortablement sur un lit moelleux de sable amoncelé.

Il mangea un peu et but de l'eau de son outre. Elle avait un goût détestable; son estomac se crispa à son contact.

Le lendemain matin il se réveilla courbaturé, frissonnant. La fièvre allait-elle le reprendre?... Il s'en inquiétait et s'en étonnait davantage encore : il n'avait jamais été malade, sauf dans ce pays de démons. Le sable qui ensevelissait tout ne pouvait être naturel. Qui donc avait jamais vu pareille chose? pensait l'homme des verdoyantes solitudes [1]. L'œuvre des démons était manifeste.

— Oh! que je puisse bientôt quitter cette région maléfique! s'exclama-t-il d'un ton désespéré.

Le pauvre *Sifan* se sentait de nouveau entouré de forces occultes hostiles. Il songea aux jours paisibles qu'il passait auprès de Gyalwai Odzér, le vénérable *gömpchén*. Toutes les forces de son être se tournèrent vers le Maître qu'il avait humblement et dévotement servi. Son Maître, laissé assis droit sur son siège de méditation. Son Maître mort... ou bien toujours vivant?...

Des réminiscences des chants de Milarespa qu'il avait entendu psalmodier par les disciples d'Odzér lui inspirèrent une prière improvisée :

O mon Maître, Bouddha incarné
Devant qui les dieux mêmes s'inclinent,
Refuge de tous les êtres,
Écoute la prière du pèlerin solitaire qui t'implore.
Je t'appelle dans ma misère
Accorde-moi ta grâce

---

1. Munpa n'avait jamais visité le sud du Tibet. Il aurait pu y voir le même phénomène d'ensablement se produire dans les environs de Samyé et même près des limites de Lhassa. (Note de l'auteur).

Bénis-moi par la vision de ta face divine
Je suis ici pour ton service
Perdu dans ce pays inconnu et hostile
Regarde-moi du séjour invisible où tu es.

Munpa avait élevé ses mains, les paumes jointes en un geste d'adoration, des larmes dessinaient des sillons sur ses joues poussiéreuses. Il se prosterna longuement le visage contre le sable, dans un paroxysme de dévotion et d'attente.

Mais nulle pression affectueuse sur sa tête ne lui indiqua que la main paternelle du *gourou* aimé s'y posât. Il se releva. Devant lui s'étendait seulement l'étendue jaune de la terre morte, désertée.

Pourtant, au premier soir de son départ, Gyalwai Odzér s'était dressé devant lui, majestueux comme un dieu, illuminant la nuit de sa forme radieuse. Pourquoi refusait-il maintenant de répondre à son appel? Sans doute il était coupable. Il n'avait pas retrouvé la turquoise, la turquoise magique que le *gömpchén* attendait.

Et soudain une idée plus terrifiante que celle de sa culpabilité se leva en lui.

Est-ce que, tandis que la turquoise, *sa vie,* se faisait attendre, les forces vitales d'Odzér ne s'affaiblissaient pas? N'avait-il plus la force de projeter sa forme subtile jusqu'à l'endroit où son serviteur implorait sa présence? Est-ce que, parce que la turquoise tardait à lui être rendue, Gyalwai Odzér, dont son assassin n'avait pu tuer l'essence subtile, se mourait réellement, maintenant, drapé dans sa toge grenat sombre, là-bas, très loin, dans l'ermitage clos, les deux lampes d'offrande éteintes reposant, devant lui, sur la petite table où demeurait encore la lourde théière de bronze, l'arme du crime? Mais alors, lui, Munpa, renouvelait l'acte de l'assassin! Faute de l'assister en lui rapportant la turquoise, il assassinait lentement Odzér...

Munpa s'affolait. Que devait-il faire? Lobzang, porteur de la turquoise, ne pouvait être parmi ces sables et ce n'était pas non plus dans cette région déserte qu'il avait pu la vendre. Que faire?... Sans doute obéir à l'oracle, un « signe » l'éclairerait bientôt. Il se remit en marche, le cœur lourd de peine, en proie à des accès de fièvre de plus en plus violents. Des jours passèrent, les étapes quotidiennes se faisaient de plus en plus courtes; il lui arriva de demeurer une journée entière allongé en dehors de la route entre deux monticules de sable. Il remplissait son outre chaque fois qu'il rencontrait une habitation, mais l'eau que l'on tirait des puits était toujours amère et brûlait l'estomac.

— Pour aller à Tunhwang vous devrez bientôt quitter la grande route, lui dit un soir le patron d'une auberge où il s'était arrêté. La grande route mène à la porte de Chine : la Porte de Jade.

Ce terme « porte de Chine » éveilla l'attention de Munpa.

— La porte de Chine? interrogea-t-il. Alors, si l'on passe de l'autre côté, on est hors de la Chine?

— Oui, répondit l'aubergiste distraitement.

D'ailleurs, le Sinkiang, pays musulman, bien qu'officiellement province chinoise, est à peu près considéré comme terre étrangère par les purs Chinois du centre. C'est un pays « hors de la Chine », comme celui qui en est séparé par la clôture de murs que j'ai vue, conclut immédiatement Munpa.

Et, poursuivant son raisonnement, il évoqua les notions géographiques en honneur au Tso-Nieunpo: dans le monde, il y a le Tibet, la Chine et l'Inde, et puis aussi ce pays très lointain des Philings aux yeux blancs[1]. Si l'on sort de la Chine l'on ne doit pas pouvoir continuer à cheminer longtemps avant de rencontrer la grande eau, le *tchou ter*[2]. S'en rapprocher est certainement dangereux, on n'a jamais entendu raconter qu'aucun homme l'ait fait. C'est le bout de la terre et si l'on s'avançait trop sur ses bords, l'on pourrait en tomber. Cela est clair. Quand on met, pour jouer, un tout petit chien chinois sur une table, il court d'un bout de la table à l'autre. S'il court trop près du bord de la table, il risque de tomber de la table. Ainsi, l'on pourrait tomber de la terre. Mais il y a des *towos*[3] qui gardent les

---

1. Les Anglais, dont beaucoup ont des yeux bleus ou gris, ce que les Tibétains qualifient de *blanc* et trouvent horrible. Littéralement *Philing* (Tchi ling) signifie : pays extérieur, séparé par la mer.
2. *Tchou ter* (tchu gter): d'après la géographie tibétaine il s'agit d'une ceinture d'eau qui encercle la terre, en marquant l'extrémité. Littéralement *tchou ter* signifie : « trésor d'eau ».
3. Les *towos* (khrowo) sont des déités terribles.

environs du *tchou ter* et n'en laissent s'approcher personne...

Munpa se sentait parfaitement satisfait de l'étendue de ses connaissances concernant la configuration de la terre. Toutefois, afin de compléter son information, il demanda :

— La grande eau est-elle très loin d'ici?

Le terme de « grande eau » suscita chez l'aubergiste l'idée d'un large fleuve, dans le genre du Hoang ho [1] qui passe à Landou, ou plus large encore.

— Loin, certainement, répondit-il. Au pays des Ouroussos [2], sans doute.

L'aubergiste ignorait la « grande eau » qui encercle la terre, mais il connaissait parfaitement l'existence du Turkestan russe, d'où l'on importe en Chine de si belles bottes de cuir. Munpa aussi connaissait l'existence des Ouroussos, mais manquait de notions précises quant au pays qu'ils habitaient. La conversation en resta là.

Le lendemain, alors que Munpa, de plus en plus fiévreux et affaibli, se traînait sur la route, il aperçut à peu de distance de celle-ci, une large étendue d'eau semblable à un lac. De l'eau, de quoi rafraîchir son front et sa figure brûlants, de l'eau qui, peut-être ne serait pas amère comme celle contenue dans son outre...

Munpa quitta la route et s'engagea à travers les terres desséchées. Chose curieuse, à mesure qu'il avançait le lac s'éloignait. La marche devenait pénible sur le sol raboteux et sous un soleil ardent. Munpa avait des éblouissements, des vertiges, il dut s'arrêter, s'asseoir en s'accotant à un monticule qui bordait une petite dépression semblable au lit d'un ruisseau tari.

Et le miracle attendu se produisit. L'eau entrevue de loin s'étendait maintenant, en une large nappe, jusqu'aux pieds de Munpa. Elle s'étendait à perte de vue, azurée comme celle du Tso-Nieunpo, au pays natal de Munpa. Il la regardait, fasciné, tous souvenirs de ses pénibles pérégrinations abolis, baignant dans l'atmosphère fraîche des hauts alpages, goûtant une indicible félicité.

Mais là, tout près de lui, un remous agitait la surface

---

1. *Hoang ho* : le fleuve jaune.
2. *Ouroussos* : les Russes.

unie du lac, il s'élargissait et du milieu des eaux divisées surgissait un *nâga*. La partie inférieure de son corps apparaissait au ras de l'eau comme une ligne mince d'écailles chatoyantes, la partie supérieure, de forme humaine, montrait un visage empreint de sympathie.

— Munpa, dit le *nâga,* ta grande dévotion à ton Maître mérite une récompense. Tu vas la recevoir. Voici la turquoise jadis apportée par moi et aujourd'hui retrouvée. Prends-la et rends-la au vénérable Gyalwai Odzér qui l'attend.

En même temps, le *nâga* tendait à Munpa la turquoise surnaturelle qu'il n'avait jamais vue. Elle était extraordinaire, de la grosseur d'un œuf d'oiseau et ovale comme lui, plus bleue même que le plus bleu des ciels et plus lumineuse que lui.

Munpa, tremblant, en proie à une émotion indicible, tendit le bras, reçut dans sa paume ouverte le précieux talisman, puis, terrassé par l'intensité de ses sentiments, il perdit la notion de ce qui l'entourait. Le nâga et le lac cessèrent de lui être visibles et il sombra dans le néant.

Combien de temps demeura-t-il ainsi, insensible?... Quand il revint à lui le crépuscule s'annonçait. Il était accoté à un monticule, les pieds reposant dans une petite dépression semblable au lit d'un ruisseau tari. Son bras était étendu et, entre ses doigts refermés, il tenait un caillou...

L'eau entrevue était un mirage, commun en cette région; le *nâga,* la turquoise, rêves ou hallucinations enfantés par la perpétuelle concentration d'esprit de Munpa sur ce sujet. Mais le *dokpa* du Chinghai y voyait l'œuvre des démons. Il ne doutait pas d'avoir reçu la turquoise, il en avait senti le poids dans sa main. Un de ces *kouei* dont lui avait parlé le *tao-che* s'en était emparé, déposant, malicieusement, un caillou à la place de la gemme dérobée.

Que faire pour échapper à l'empire des mauvais?... Il avait invoqué son Maître sans en obtenir de réponse... Mais il trouverait protection et secours auprès des Mille Bouddhas; il devait se hâter d'arriver à Tunhwang...

Il allait se lever, décidé à regagner la grande route et à voyager pendant la nuit, lorsqu'il entendit ricaner doucement derrière lui. Un homme qu'il n'avait pas entendu venir l'interpella :

— Ah! dit-il, tu en es aussi.

Munpa encore sous le coup des émotions successives qui l'avaient ébranlé ne saisit pas le sens de la question et, machinalement dit oui.

L'homme rit de nouveau, d'un rire entendu.

— Tu ne dois plus t'attarder, reprit-il, il y a encore loin d'ici les murs. Où t'attend-on?

— Je suis fatigué et malade, gémit Munpa qui ne suivait pas les propos de son interlocuteur.

— Regrettable, cela, déplora le Chinois. Fais un effort, marchons ensemble. Si tu ne trouves pas tes gens tout de suite à ton arrivée, je demanderai aux miens de s'occuper de ton sac. En route!

— Est-ce que nous nous dirigeons vers l'ouest? s'enquit Munpa, inquiet, en voyant que son compagnon continuait son chemin à travers les terres au lieu de gagner la grande route.

— Évidemment. Ansi est à l'ouest. Tu n'avais tout de même pas l'intention d'y aller par la route et d'y entrer par la porte, puisque je t'ai rencontré ici? répondit le Chinois d'un ton goguenard. Tu n'as pas l'air d'être bien sûr du chemin à suivre. Est-ce la première fois que tu viens?

— Oui, dit Munpa.

— Misère! s'exclama l'autre. On ne devrait jamais envoyer seul un novice qui vient pour la première fois. Tu te feras pincer. Bon! je t'aiderai. Viens, tu n'auras qu'à me suivre.

— Vous amasserez du mérite en aidant un pèlerin, repartit Munpa.

— Ah! ah! fit l'autre en éclatant de rire, croyant que Munpa plaisantait. Un pèlerin, un pèlerin, vraiment! Il appelle cela un pèlerinage!

Il se tut brusquement.

— Maintenant, camarade, ne bavardons plus, il ne faut pas que l'on puisse nous entendre, si par hasard *ils* rôdaient par ici.

Munpa ne comprenait rien aux paroles et à la conduite de l'homme qui lui était si inopinément apparu. Il ne cherchait pas à comprendre. Son esprit était ailleurs, tout occupé du nouveau sortilège que des pouvoirs mystérieux avaient suscité pour le guider, l'encourager, ou le perdre.

Le pauvre Tibétain, perdu dans ses pénibles réflexions, suivait son guide comme un automate.

Quant au Chinois, son esprit était au contraire fort alerte et travaillait vigoureusement, échafaudant un plan ingénieux. Il s'en allait introduire en fraude, à Ansi, les articles qu'il transportait dans un gros sac. Ceux-ci étaient passibles d'un droit qu'il fallait acquitter en passant la porte de la ville. Payer la taxe, c'était diminuer d'autant le profit que le marchand retirait de leur vente, chose à éviter. On y échappait en hissant les sacs par-dessus les remparts à l'aide de cordes tenues par des complices qui faisaient le guet à des endroits convenus, certaines nuits convenues.

En voyant Munpa se reposer, un sac près de lui, au milieu des terres, le fraudeur en avait conclu que, comme lui, il faisait de la contrebande et se dirigeait vers les remparts d'Ansi en évitant de se montrer sur la grande route. L'état d'ahurissement du Tibétain ne lui avait permis ni de deviner le métier de son compagnon de rencontre, ni de dissiper l'erreur que celui-ci commettait à son sujet et dont il ne s'était, du reste, pas aperçu.

La confraternité qu'il croyait exister entre lui et Munpa n'inclinait pourtant pas le Chinois à user envers lui de procédés charitables, si d'autres pouvaient mieux servir ses propres intérêts.

« Cet homme est stupide, pensait-il, ou il est ivre et il s'était assis pour cuver son eau-de-vie. Quand nous serons à proximité des remparts, je m'arrangerai pour le faire marcher avant moi. Les soldats font fréquemment des rondes depuis quelque temps. Si le copain arrive au moment de l'une d'elles, il sera arrêté et, pendant qu'on s'occupera de lui, je pourrai faire signe à mes amis, attacher mon sac aux cordes qu'ils laisseront glisser le long de la muraille et ils le hisseront à bon port sans être dérangés. Si aucune ronde ne se montre, tant mieux pour l'imbécile; puisqu'il ne semble pas en état de trouver ceux à qui il a été envoyé, je ferai hisser son sac après le mien. Demain, quand il aura repris ses sens, nous réglerons cette affaire moyennant une petite gratification qu'il me paiera. »

Les choses se passèrent exactement comme le rusé coquin l'avait pressenti. Munpa, toujours dans un état somnambulique, obéit à la suggestion de son compagnon et marcha seul vers le pied des remparts.

Avant qu'il l'ait atteint, des mains se posèrent brutalement sur lui.

— Hé! on te tient! disaient ses agresseurs en ricanant. Qu'est-ce que tu portes dans ce sac? Tes camarades allaient le hisser au-dessus des remparts n'est-ce pas? On connaît le truc. Allons, fais voir...

— Je suis un pèlerin, bredouilla Munpa. Je suis du Chinghai, je vais aux Mille Bouddhas.

— Vraiment, dit l'un des soldats qui venait d'examiner Munpa à l'aide d'une petite lampe de poche. Tu as bien l'air d'un *mengtze* [1]. Voyons tout de même.

Sans attendre qu'il s'en fût débarrassé lui-même, les soldats avaient déjà arraché le fardeau du dos de Munpa et commençaient à délacer le sac.

— C'est vrai, dit l'un des hommes, ce sont des provisions et, ma foi, une belle paire de bottes.

Il fit un signe à ses camarades et, se sentant certain de leur acquiescement, il continua de s'adresser à Munpa.

— C'est bon, déclara-t-il, tu n'es pas un fraudeur, tu t'es trompé de chemin, la porte de la ville n'est pas de ce côté. Nous allons te conduire. La porte est fermée à cette heure, mais il y a une auberge près de celle-ci, tu pourras y loger. Nous sommes gentils pour toi, nous ne t'emmenons pas en prison. Il faut nous remercier et nous faire un petit cadeau. Tiens! donne-nous cette paire de bottes.

— Prenez-la, répondit Munpa.

Il en était à douter qu'il eût à faire à de véritables soldats. Peut-être étaient-ils encore des fantômes, comme le *nâga,* le lac, la turquoise. Peut-être allaient-ils s'évanouir dans la nuit et il se retrouverait seul, assis au milieu des sables...

Pourtant il reficela son sac et ses vêtements et suivit les soldats. Ceux-ci cognèrent violemment à la grande porte d'une auberge, vociférant à l'adresse de l'aubergiste.

— Ouvre! ouvre!

---

1. Qualificatif méprisant équivalant à « sauvage » que les Chinois appliquent aux pasteurs du Chinghai.

Et, lorsqu'il eut ouvert :

— Loge ce pèlerin du Chinghai qui va adorer les Mille Bouddhas et s'est trompé de chemin.

Puis ils s'en furent en riant, se félicitant de la bonne aubaine. Ils se partageraient le produit de la vente des belles bottes neuves. La nuit leur avait été profitable. Elle l'avait été aussi à l'astucieux coquin qui avait machiné le piège dans lequel le naïf *dokpa* était tombé. Tandis que les soldats extorquaient une paire de bottes au pauvre Munpa, lui faisait tranquillement passer par-dessus la muraille son sac dont le contenu serait exempt de taxes.

Très haut dans le ciel, les étoiles scintillaient se faisant l'une à l'autre des clins d'œil amusés. Encore une comédie qui se jouait dans le monde des humains. Elles en avaient vu bien d'autres.

Les « démons » ne suscitèrent pas d'autres aventures à Munpa. Le surlendemain de son arrivée, le patron de l'auberge le confia aux soins de gens qui se rendaient dans les environs de Tunhwang; il fit route avec eux et, ceux-ci l'ayant mis sur la bonne voie pour le court trajet qu'il avait encore à effectuer après qu'ils l'eurent quitté, Munpa atteignit paisiblement les grottes des Mille Bouddhas.

A l'époque où Munpa y arriva, le site où trônent les Mille Bouddhas était déserté depuis plusieurs siècles. Jadis, de dévots adeptes du bouddhisme y avaient creusé dans une falaise de nombreuses galeries dont les ouvertures affleurant à la face verticale de celle-ci lui conféraient l'aspect d'un gigantesque gâteau de miel.

Alors que le bouddhisme, sous ses diverses formes, florissait dans l'Inde et en Asie centrale, ses fidèles s'étaient singulièrement engoués de cette sorte de temples troglodytes qu'ils creusaient, suivant les régions, soit dans le roc, soit dans le sol terreux. Idée bizarre qui ne correspondait pas, comme les catacombes romaines, à un besoin de se cacher pour célébrer des rites interdits et éviter les châtiments édictés par le pouvoir civil à l'égard des participants à ces rites. Il ne s'agissait pas non plus de dérober aux regards des profanes de mystérieuses cérémonies d'initiation : le bouddhisme est une doctrine de clarté sans dessous obscurs, sans ésotérisme. L'enseignement fut exposé à tous, sans réticences par le Maître [1] qui le dispensa; la différence des capacités de compréhension de ses auditeurs fut la seule cause des divergences qui se produisirent dans les théories promulguées par lui. Au cours des siècles qui suivirent la mort du Bouddha, ces divergences s'accentuèrent. Les interprétations s'accumulèrent sur les interprétations, les commentaires sur les commentaires; des doctrines de diverses provenances furent incorporées à celle du bouddhisme et l'on vit alors se développer, sous le nom de bouddhisme, cette forme ténébreuse des enseignements secrets et des rites macabres qui a prévalu au Népal, d'où il s'est étendu au Tibet.

Mais les auteurs des excavations de Tunhwang et les artistes qui décorèrent de fresques les murs des grottes, bien qu'obéissant à des inspirations déjà très éloignées de l'esprit du bouddhisme originel, ne donnaient point dans ces développements, au sens parfois profond, enrobés dans des formes sinistres élaborées par les adeptes tardifs du grand philosophe des Çakyas.

Tunhwang baigne dans la lumière, la merveilleuse lumière de l'Asie centrale. Elle y entre par les centaines d'alvéoles, prolongées par des galeries, qui trouent la surface jaune de la falaise. Et si, sa force épuisée, elle ne peut atteindre les profondeurs extrêmes des couloirs souterrains, ceux-ci s'illuminent de la clarté surnaturelle diffusée par le peuple des Bouddhas au sourire tout ensemble énigmatique et infiniment compatissant.

La vue de cette foule innombrable du monde des fresques stupéfia Munpa. Instinctivement, il se défiait de ces personnages vivant sur les murailles, qui lui rappelaient le sortilège dont il avait été victime au monastère de la « Suprême Sérénité ». Mais à Tunhwang les fresques ne présentaient point le spectacle de l'agitation de la vie du monde. Bouddhas, disciples et déités s'y montraient immuablement sereins, sortis du tourbillon des activités dérisoires auxquelles s'adonnent les êtres nés du désir et qui ont le désir pour substance. Tout respirait la paix, à Tunhwang.

---

1. La tradition conservée dans les plus anciennes Écritures attribue la déclaration suivante au Bouddha, à ses derniers moments : « J'ai publié la doctrine, ô Ananda, et je n'ai fait aucune distinction entre le dedans et le dehors. La doctrine de la vérité, je l'ai enseignée sans restriction. »

Mais le triste Munpa, dont l'équilibre mental avait été si fortement ébranlé par le drame qu'il avait côtoyé dans l'ermitage de Gyalwai Odzér, puis, ensuite, par les multiples incidents de caractère occulte qui s'étaient multipliés autour de lui, ne parvenait pas à s'abandonner à l'espèce de béatitude qui émanait de la quasi-uniformité des fresques, répétant, à des milliers d'exemplaires, le même sourire d'une sagesse transcendante. Cette paix, cette béatitude même lui devinrent un sujet d'inquiétude et son esprit recommença à élaborer des contes fantastiques.

Rapprochant de la sérénité du peuple des fresques de Tunhwang les attaques dont il croyait avoir été l'objet de la part des démons, il se rappela que, selon la croyance tibétaine, les esprits des morts entreprennent dans l'au-delà un voyage qui les conduit à rencontrer successivement des êtres démoniaques menaçants et des Bodhisatwas apparentés aux sublimes Bouddhas. Dans ce voyage, l'esprit traverse des régions désolées, poussiéreuses, il voit des habitations en ruine, il est assailli par des tempêtes de sable, il aperçoit de claires rivières qui, à son approche, se changent en sillons desséchés parmi le sol pierreux. Tout cela il l'avait vu... Alors... se pouvait-il qu'il fût mort?... Cependant, il ne se rappelait aucun détail se rapportant à sa mort. Il conservait des souvenirs très nets de la tente où il vivait au Tso-Nieunpo, de ses parents, des *trapas* de son petit monastère, des disciples de Gyalway Odzér et, surtout, du *gömpchén* lui-même. Mais les circonstances de sa mort ne lui apparaissaient point. Il ne se voyait pas couché, entouré des gens de sa connaissance, il n'entendait pas la psalmodie des *lamas* et la lecture du *phowa* [1] faite, pour son bénéfice, à son chevet. Enfin, il ne voyait pas ses funérailles et, chacun le sait, au Tibet, l'esprit des défunts suit le cortège funèbre qui emporte leur dépouille au champ de crémation ou sur la montagne où les corps sont dépecés et donnés en pâture aux vautours. Non, il ne se souvenait de rien de tout cela. Les morts — cela il le savait aussi — ne conservent ces souvenirs que pendant un bref

---

[1]. Texte mystique qui, récité par un *lama* spécialement initié à cet effet, dirige l'esprit du mourant vers le Paradis de la Grande Béatitude. Voir à son sujet et à celui du Bardo : A. DAVID-NEEL, *Textes tibétains inédits* (éd. de la Colombe, Paris).

moment. Bientôt vient l'oubli... En était-il arrivé à ce point?...

Toutefois, il existait un moyen infaillible de s'assurer de sa situation : la forme des défunts, leur corps subtil, ne produit pas d'ombre et leurs pieds, au lieu d'être tournés vers l'avant, dans le sens habituel de la marche, sont tournés vers l'arrière.

L'épreuve était aisée à faire. Et voici notre Munpa y procédant sous un soleil radieux, au bord de la petite rivière qui coule devant les falaises aux Mille Bouddhas. Il marcha d'abord pendant longtemps, épiant sur le sable l'apparition d'une ombre le suivant ou le précédant. A ce moment le soleil était au zénith, moment défavorable pour l'expérience que Munpa poursuivait. Cependant, il s'obstinait, et sa persévérance fut récompensée. Une ombre d'abord très courte, puis qui s'allongea progressivement l'accompagna dans sa promenade. Le signe était rassurant, il fallait, maintenant, le confirmer par l'examen de la direction dans laquelle les pieds étaient tournés. Cela pouvait être fait au moyen des empreintes qu'ils laissaient dans le sable humide du bord de la rivière. Munpa ôta ses bottes, fit un pas, puis deux, puis trois, puis quelques-uns encore, appuyant fortement la plante de ses pieds sur le sol, l'agrippant avec ses orteils. Il s'arrêta, examina les empreintes; elles étaient dirigées dans le sens de la marche. Il recommença une fois, deux fois, dix fois et, en même temps, il observait aussi son ombre. Le suivait-elle toujours?...

Absorbé par son expérience, Munpa ne remarqua pas un Chinois qui, arrêté au bord de la rivière, le considérait attentivement. Il fallut que celui-ci lui adressât la parole pour qu'il prît conscience de sa présence.

— Que fais-tu là, mon ami? demanda le Chinois d'une voix tout unie, parfaitement paisible, qui ne décelait aucun sentiment particulier de curiosité.

Munpa sursauta. Du seuil du Bardo, il était ramené vers la terre des vivants, à peu près convaincu qu'il lui appartenait encore. Ensuite, il regarda celui qui venait de l'interpeller.

C'était un homme d'âge moyen, vêtu avec une élégance discrète d'une jolie robe de soie grise et d'un gilet noir. Il était chaussé de petites bottes de velours noir et coiffé, à l'ancienne mode, d'un toquet de soie noire. Son visage reflétait une sérénité bienveillante pareille à celle qu'exprimaient les effigies des innombrables Bouddhas alignés tout au long des fresques qui décoraient les galeries des grottes.

Véritablement, ce Chinois debout, immobile près de la rivière paraissait être un Bouddha redescendu dans notre monde. Ou bien — cette idée intempestive traversa l'esprit de Munpa — ou bien, il ressemblait au *hochang* des représentations théâtrales lamaïques.

Le Bouddha chinois répéta sa question :
— Que fais-tu, mon ami?
— Oh, moi... je... répondit vaguement Munpa.
Son interlocuteur n'insista pas.
— De quel pays viens-tu? demanda-t-il.
— Du Chinghai, répondit Munpa.
— Tu es donc Tibétain? Que fais-tu à Tunhwang? Es-tu établi dans ces parages?
— Je suis seulement venu en pèlerinage.
— Tu n'es sans doute pas venu directement du Chinghai pour vénérer les Mille Bouddhas? Étais-tu dans le voisinage pour affaire de commerce?
— Je ne suis pas un marchand, protesta Munpa. Je suis un *lama*.

Il donnait à la qualification : *lama,* le sens général que lui prêtent les étrangers.

— Oh! un *lama*... vraiment, fit le Chinois, manifestant un semblant d'intérêt. Où loges-tu ici? Comptes-tu séjourner longtemps à Tunhwang?
— Je ne sais pas combien de temps je resterai, répondit Munpa qui, en réalité, n'avait pas de projet. Je loge chez le gardien des temples.
— Si cela te plaisait, tu pourrais habiter chez moi pour tout le temps que tu voudras consacrer à tes dévotions. Moi aussi je vénère Fo.

Et après un petit temps d'arrêt, il ajouta :
— Chez moi tu seras bien logé et tu ne dépenseras rien. Tu seras mon invité. Ma maison est là-bas, tu en vois le toit d'ici, entre un bosquet de peupliers. Veux-tu venir? Je m'appelle Wang. Si tu hésites sur le chemin à suivre pour arriver chez moi, tu n'auras qu'à le demander au premier passant que tu rencontreras; tout le monde me connaît.

Munpa hésitait. Il ne doutait pas qu'il serait plus confortablement logé chez le Chinois, que l'on devinait riche, que dans le coin de grange où il couchait chez le gardien des temples. Il ne doutait pas non plus qu'il y serait bien nourri et ses provisions étaient déjà fortement entamées. Il considéra encore une fois l'auteur de la proposition généreuse et lui trouva une apparence suffisamment *réelle* pour permettre de se fier à lui.

Il remercia et accepta, annonçant qu'il se rendrait immédiatement à l'invitation que M. Wang lui adressait.

M. Wang ne se vantait pas en disant que tout le monde le connaissait. M. Wang était un personnage, dans le Nord-Ouest chinois. Né dans une famille opulente, les siens étaient de grands propriétaires terriens ou de hauts fonctionnaires, tous gens éminemment respectables suivant le code de la respectabilité confucéenne.

Wang Yu Shou avait manifesté dès son enfance un vif penchant pour l'étude des Lettres et de la philosophie. Une telle inclination ne pouvait que plaire à des parents chinois et, comme leur fils ne devait pas manquer de ressources et n'avait pas à se préparer à exercer une activité rémunératrice, ceux-ci lui avaient donné toutes facilités pour suivre sa vocation d'érudit.

Au cours des années, le studieux Wang s'était assimilé tout le contenu de la littérature classique confucéenne, il avait aussi étudié l'histoire et la philosophie des grands penseurs taoïstes, puis il avait été séduit par la doctrine bouddhiste telle que l'interprètent les Pères de la secte *Ts'an,* la secte de la Méditation [1].

L'étude et la pratique de la méditation lui avaient façonné un caractère immuablement paisible et détaché. La poursuite, préconisée par Confucius, de l'établissement d'un bon gouvernement lui semblait puérile. Y a-t-il de *bons* et de *mauvais* gouvernements? se demandait-il à la façon d'un taoïste voyant la sagesse dans le *wou wei* (le non-agir). Les choses sont mues par les propriétés inhé-

---

1. Celle dont les doctrines furent importées en Chine par Bodhidharma, un brahmane indien qui débarqua à Canton en 520. Cette secte est connue au Japon sous le nom de *Zen*.

rentes à la substance qui les composent, se disait-il. Le monde et les êtres qui le constituent se meuvent, aussi, selon leurs lois propres et celui qui croit diriger leur organisation et leur mouvement s'abuse, ne voyant pas que lui-même est pris dans le jeu inéluctable des éléments divers formant le monde parce que lui-même est un de ces éléments. Le sage sait cela et « en se mouvant, il reste immobile; en agissant, il n'agit pas ».

M. Wang aimait à se rappeler ces enseignements des Pères du taoïsme et aussi ceux des Patriarches de la secte *Ts'an* énoncés en termes énigmatiques pour le profane :

Je suis sur le pont qui traverse le torrent et, merveille! ce n'est pas l'eau qui coule sous le pont, c'est le pont qui se met sur l'eau.
Un nuage de poussière s'élève de l'océan et la rumeur des vagues s'entend sur la terre.

Toutes déclarations tendant à conduire à une perception des choses différente de la perception superficielle à laquelle se borne la connaissance de la majorité des hommes, c'est-à-dire à faire discerner le noir dans le blanc et le blanc dans le noir ou, comme le disent les Maîtres de la secte *Ts'an,* à amener « à voir l'étoile polaire dans l'hémisphère austral ».

A cette école se cultive le doute quant à la valeur des connaissances que nos sens nous fournissent. L'on y apprend que les idées, les croyances absolument contraires à celles que l'on tient pour vraies sont tout aussi vraies qu'elles et que l'opposé de ce qui nous paraît réel peut être aussi réel que lui.

C'est l'école d'un scepticisme paisible et souriant. M. Wang en avait été un bon élève. M. Wang était un sage. Un sage d'après la recette chinoise, c'est-à-dire un sage au degré transcendant.

Il ne se singularisait en rien. Riche de naissance, il abandonnait l'administration de sa fortune à un de ses cousins qu'il savait suffisamment honnête pour ne prélever à son profit qu'un bénéfice raisonnable sur les revenus qu'il touchait. Ce degré de probité satisfaisait M. Wang, qui ne songeait point à exiger d'autrui des vertus extraordinaires. De ses revenus considérables Wang faisait un élégant usage; lui-même vivait avec simplicité, mais il ne blâmait pas ceux qui aimaient le luxe. Il secourait libéralement ceux qui s'adressaient à lui et même beaucoup d'autres dont il avait, lui-même, découvert les besoins. Ses mœurs étaient pures, sans affectation d'austérité et, surtout, sans réprobation à l'égard des libertins. Il avait épousé une fille de bonne famille dont il avait deux fils. Il avait, aussi, une concubine : le père de celle-ci, pauvre paysan, cherchait à la marier ou à la vendre lorsque Wang l'avait vue. La prendre chez lui était une bonne œuvre, cadrant parfaitement avec le genre d'activité propre à un philosophe chinois... et puis, la jeune fille était jolie.

Si Wang s'était subitement intéressé à Munpa, ce n'était pas qu'il eût éprouvé un sentiment de compassion pour l'indigène des hauts alpages errant loin de son pays et à l'esprit passablement dérangé, comme le dénotait sa pantomine bizarre près de la rivière. Wang n'était pas capable d'apitoiement sentimental. Il répandait ses dons avec la sérénité détachée dont il ne pouvait se départir.

Wang n'avait jamais voyagé, mais il aimait à converser avec des étrangers, à leur faire décrire les mœurs de leur pays, les paysages de celui-ci, l'aspect des villages, les genres de culture et maints autres détails. De ce Tibétain du pays des pasteurs et qui, en plus, était *lama,* il pouvait y avoir d'intéressantes informations à tirer. D'où l'invitation adressée au *dokpa*.

Le logis de Wang était disposé à la mode chinoise, c'est-à-dire qu'il se composait de plusieurs pavillons séparés par des cours, le tout entouré de jardins eux-mêmes ceinturés par une muraille élevée.

Munpa ne fut pas logé avec la domesticité; une chambre lui fut assignée dans la cour habitée par l'intendant et par le comptable. Il se trouva flatté par ce voisinage. Quant à l'intendant et au comptable, pour ménager leur dignité, Munpa leur fut présenté comme un *lama* du Chinghai. Munpa, avec sa vieille robe salie, ne payait pas de mine. Toutefois, en tant que *lama,* il était acceptable.

Un pavillon coquettement décoré et richement meublé, pourvu d'un jardin particulier, abritait Mme Wang, ses femmes de chambre et deux dames de compagnie. Dans un pavillon plus petit la concubine logeait avec sa petite fille, sa seule enfant, ce qui l'attristait en accentuant son infériorité en face de l'épouse en titre: Mme Wang, mère de deux fils.

Enfin Wang, isolé dans le plus grand des pavillons situé au fond d'un jardin, vivait seul sa vie de lettré. Son secrétaire logeait dans une dépendance de ce pavillon, mais il avait ailleurs, dans l'enclos, d'autres chambres où vivaient sa femme et ses jeunes enfants. Tous les habitants de l'enclos de M. Wang, du dernier des domestiques au savant secrétaire, étaient mariés. Le code moral de M. Wang prescrivait le mariage, seuls les très jeunes gens échappaient à la règle.

Ce code édictait aussi l'obligation, pour les jeunes, de s'instruire. Les fils de Wang dûment pourvus d'un précepteur vivaient dans un pavillon agréablement situé dans un jardin. En plus de l'instruction qu'il dispensait aux fils du maître, le précepteur tenait également une petite classe, dont la fréquentation était obligatoire pour tous les garçons des employés et des serviteurs de Wang. Une institutrice dispensait des rudiments d'instruction aux fillettes. Quant à la fille de Wang et de la concubine, elle recevait des leçons particulières du précepteur dans le pavillon où vivaient ses demi-frères plus âgés qu'elle, qui la choyaient à qui mieux mieux.

Munpa n'était pas admis à visiter les divers pavillons dont l'ensemble constituait la demeure du Chinois. Cependant, causant avec l'intendant et avec le comptable, il arriva à connaître quelque chose de l'existence des êtres et des choses qui peuplaient l'enceinte où il avait été introduit. Il en conçut une haute idée de la fortune et de la situation de son hôte et se demanda pour quelle raison celui-ci l'avait invité à demeurer chez lui.

Quelques jours après son arrivée, le secrétaire de Wang vint le voir et lui posa différentes questions concernant le genre de vie des pasteurs du Chinghai. Il notait les réponses de Munpa au fur et à mesure que celui-ci les donnait. Ces entretiens se prolongèrent pendant plusieurs semaines, puis l'intendant apporta à Munpa une bonne robe neuve en coton gris, lui dit que M. Wang lui en faisait cadeau et qu'il le verrait le lendemain.

Le moment venu, Munpa fut conduit à travers une suite de cours et de jardins jusqu'au logis de Wang qui le reçut aimablement.

— Vous avez raconté des choses très intéressantes à mon secrétaire, lui dit Wang, en usant du langage poli [1]. Maintenant, *lama,* j'aimerais que vous me parliez de la religion que vous pratiquez. Quelles sont vos croyances?

Munpa se sentit fort embarrassé. Il croyait à maintes choses par fragments isolés, sans lien entre eux. Il n'avait jamais possédé un fonds d'idées cohérentes.

— Je suis un ignorant, confessa-t-il. Que pourrais-je dire qui puisse intéresser un savant comme vous?

Wang essaya de s'y prendre d'une autre façon.

— Y a-t-il des *lamas* savants au Chinghai? Le chef de votre monastère, par exemple?

Un demi-sourire et un geste de Munpa écartèrent le supérieur de la *gompa* d'Aric à laquelle il appartenait nominalement.

— Pas lui, répondit-il, mais j'ai été le serviteur d'un saint *gömpchen,* qui était très savant.

— Vous étiez son serviteur, dites-vous. Ne vous instruisait-il pas?... Et pourquoi dites-vous que vous *étiez* son serviteur? Ne l'êtes-vous plus?

Cette dernière question ramenait Munpa sur le terrain où il craignait de s'engager. Était-il toujours le serviteur de Gyalwai Odzér?... Celui-ci était-il mort ou encore vivant?

— Croyez-vous, demanda-t-il abruptement, que tous ces Bouddhas qui existent sur les murs des grottes sont vivants?

Wang ne s'attendait pas à pareille question. Elle n'avait aucun rapport avec la sienne. Il considéra un instant le visage anxieux du Tibétain, qui semblait attendre une réponse dont sa vie dépendait.

« Ce pauvre homme a le cerveau dérangé », pensa le sage Wang, qui se rappelait la gesticulation de son hôte au bord de la rivière. Et le désir de comprendre, qui ne le quittait jamais, s'éveilla. Qu'est-ce qui avait causé le désordre de cet esprit? Il résolut de ne pas brusquer son interrogatoire.

---

[1]. En chinois comme en tibétain il existe des vocabulaires différents, à employer suivant que l'on parle familièrement à des gens du commun ou bien que l'on témoigne des égards à son interlocuteur. Faute de mieux, je les distingue parfois en employant soit *tu* soit *vous.*

— Heuh! dit-il, cela dépend de ce que l'on entend par *être vivant*. Il y a beaucoup de modes d'existence différents...

« Il parle en savant, pensa Munpa. Je ne le comprends pas, mais il est certain qu'on peut vivre de différentes manières. On vit dans le Bardo... »

Munpa revenait à son idée et recommençait à douter de son existence réelle dans le monde des humains.

— Vous ne savez pas, demanda-t-il encore, si ces Bouddhas et ces gens qui les entourent n'ont pas quelquefois attiré parmi eux l'un ou l'autre de ceux qui les regardaient?

L'entretien devenait ahurissant. Malgré son flegme, Wang était abasourdi. Jamais il n'avait ouï pareils propos de fou. Y avait-il un sens qu'il ne saisissait pas dans les paroles du Tibétain? Ce sens se rapportait-il à certaines croyances ayant cours au Chinghai? Il pourrait être intéressant de le savoir. Ou bien ce *lama* ignare aurait-il fait des expériences psychiques singulières? Cela aussi méritait d'être approfondi.

Prenant patience, Wang reprit l'interrogatoire avec douceur, évitant de contredire Munpa. Hochant la tête d'un air sagace, il réussit à impressionner le *dokpa,* qui le crut être un adepte de sciences secrètes qu'il ne lui était point permis de divulguer; d'où son refus tacite de répondre directement à ses questions concernant les Bouddhas des fresques.

La ruse de Wang avait réussi. Munpa voulut lui prouver que ce monde occulte sur lequel il gardait le secret, lui, Munpa, y avait eu accès.

— Si je vous questionne sur les Bouddhas peints sur les murs des temples, dit-il, c'est que j'ai *vu* d'autres personnages, peints sur d'autres murs, vivre et m'attirer parmi eux. Je leur ai échappé à grand-peine... Leur ai-je même vraiment échappé? murmura-t-il en terminant.

Wang était tout oreilles. Il regrettait l'absence de son secrétaire, qui aurait pu noter les propos de Munpa, et n'osait point prendre des notes lui-même, de crainte de troubler son interlocuteur et de le voir interrompre son bizarre récit. Où était cette fresque dont les personnages vivaient?... Comment avait-il été conduit à séjourner dans ce monastère?...

Chaque réponse donnée prudemment par Munpa entraînait une nouvelle question de Wang. En dépit de ses réticences maladroites, le *dokpa* ne pouvait céler l'enchaînement des faits, ils découlaient les uns des autres et, remontant leur cours, il fut amené à mentionner sa recherche de la turquoise surnaturelle, l'assassinat de Gyalwai Odzér et, comment, peu de temps avant son arrivée à Tunhwang, un *nâga* lui avait rapporté la turquoise et un démon l'avait dérobée y substituant un caillou.

Quand il eut terminé son long récit, entrecoupé de nombreuses pauses que son auditeur se gardait d'interrompre, Munpa était épuisé.

Wang, comprenant que le seul moyen de le ramener au calme était de paraître admettre la réalité des faits qu'il avait narrés, engagea Munpa à aller se reposer, lui promettant de réfléchir à son cas, qu'il jugeait grave.

Grave, en effet, pensait Wang, mais en donnant à son jugement une tout autre signification que celle que Munpa lui attribuait.

« Il faut renvoyer ce pauvre homme dans ses alpages », se disait-il, décidé à s'y employer.

Quelques jours plus tard il faisait appeler le Tibétain.

— Le séjour dans ce pays ne vous convient pas, lui dit-il, vous avez rencontré de mauvais êtres. Vous devez retourner au Chinghai, vous ne trouverez ici ni la turquoise, ni son voleur.

A part lui, Wang doutait fortement de l'existence de cette turquoise et de ce voleur. Il doutait même de l'existence de l'ermite assassiné. Ce drame et toutes les circonstances qui l'entouraient pouvaient bien, comme les figures animées de la fresque qui avaient incorporé Munpa parmi elles, ou comme le *nâga* surgi près d'Ansi, n'être qu'hallucinations, imaginations produites par la démence. Le monde que nous tenons pour réel n'est-il pas fait d'ombres multiformes que les divagations de notre esprit projettent sur le fond du vide ? se disait Wang le Sage, et cette pensée l'inclinait à une grande indulgence envers Munpa.

— Il faut aussi vous rassurer, lui dit-il. Les êtres hostiles que vous avez trouvés sur votre route n'ont point d'existence véritable hors de votre esprit. Si vous les en effacez, ils n'existeront plus. Les Bouddhas effacent ainsi le monde dans lequel, en proie à l'erreur, à l'illusion, nous naissons, nous nous agitons, souffrons et mourons.

— Mon Maître expliquait cela à ses disciples, dit Munpa, et il cite ce texte qu'il avait retenu sans en bien saisir le sens :

> *Surgit de l'esprit*
> *Et dans l'esprit se réengloutit* [1]...

— C'est cela, c'est bien cela, approuva Wang. Rappelez-vous cette vérité. Vos aventures ne sont que rêve, ne vous laissez pas troubler par elles.

« L'on peut aller directement d'ici au grand lac du Chinghai [2], mais c'est loin et il faut traverser des régions désertes. Ce n'est pas un voyage qu'un homme seul puisse entreprendre. Vous avez un ami aubergiste à Landou, m'avez-vous dit, retournez chez lui. De là vous pourrez facilement gagner votre pays par des routes fréquentées. Mon secrétaire s'occupera de vous faciliter votre retour. »

Ayant dit, M. Wang congédia Munpa et ne le rappela plus. Mais, comme il le lui avait promis, son secrétaire veilla aux préparatifs de son départ.

M. Wang, à son habitude, se montra généreux. Munpa reçut de lui une nouvelle robe et une paire de bottes pour remplacer celle qui lui avait été volée par les soldats; son sac rempli de provisions pour le voyage et, en plus, le secrétaire lui remit une ample somme d'argent. Jamais Munpa ne s'était trouvé aussi riche. Un domestique, conduisant une mule transportant ses bagages, ramena Munpa à l'auberge située hors de la porte d'Ansi où il avait logé quelques semaines auparavant. De la part de M. Wang il recommanda à l'aubergiste de s'arranger avec des voyageurs emmenant à Landou des chariots chargés de marchandises afin que, moyennant rétribution, ils permettent à Munpa de faire le voyage assis sur une caisse, dans un de leurs chariots.

---

1. *Séms nas hbyung — Séms la hthim.* Prononcé : Séms né tchyoung — Séms la thim.
2. Le *Tso nieunpo*, ou *Koukou-nor* (le lac Bleu).

Ainsi fut fait. Munpa n'eut point à refaire à pied, en sens inverse, la route qu'il avait péniblement parcourue en « marchant vers l'ouest ». Insensible aux rudes cahots et à la dureté de son siège inconfortable, il goûtait un singulier plaisir à sentir sur sa poitrine le poids des lingots d'argent que M. Wang lui avait donnés. Leur pouvoir se montrait efficient en tant que talisman. Nul fantôme ne rôda autour de Munpa, la pensée de son échec dans la poursuite de la turquoise ne le tortura plus, et il lui paraissait évident qu'il n'avait pas franchi le seuil du Bardo. Tout était rêve, disait M. Wang; les *lamas* du Tibet le disent aussi. Munpa laissait le rêve se dérouler.

Les voyageurs avec qui il faisait route s'arrêtèrent à Sidou dans cette même auberge tenue par le beau-frère de Nénuphar rose chez qui il avait logé. Il faisait déjà sombre quand ils arrivèrent, et d'autres convois de marchandises emplissaient la cour. L'aubergiste, très affairé, ne remarqua pas Munpa et celui-ci ne chercha pas à se faire reconnaître. Il repartit avant le lever du jour avec ses compagnons.

Le reste du voyage s'accomplit sans incident jusqu'à Landou.

CHAPITRE VII

Les marchands avec qui Munpa avait voyagé ne descendaient pas à Landou dans le caravansérail dont il connaissait le patron. Il les quitta donc à leur arrivée, les remerciant poliment, mais sans démonstration excessive de gratitude, pour lui avoir donné place sur un de leurs chariots : après tout, il avait payé son transport.

Munpa ne voyait pas d'autre parti à prendre que de se rendre au caravansérail qui lui était familier, mais il voulait y paraître *d'une certaine manière.*

Durant les semaines qu'avait duré son voyage, au pas lent des mules traînant des véhicules surchargés, Munpa, que le paysage n'intéressait pas, avait beaucoup réfléchi.

M. Wang, le sage qui ressemblait à un Bouddha, lui avait conseillé de retourner au Chinghai, mais, sans qu'il eût besoin de pousser très avant ses introspections, Munpa avait constaté qu'il ne se sentait nul désir de suivre cet avis. Pourquoi? Il ne s'en rendait pas bien compte, mais la répugnance qu'il éprouvait s'affirmait nettement. Il ne retournerait pas à sa *gompa* des alpages, et son rôle comme serviteur de Gyalwai Odzér était terminé... Il n'aimait pas à se rappeler le *gömpchén* et les événements dont il était le centre. Il ne reniait pas la tâche qu'il avait assumée, il avait tenté de la remplir, il avait échoué; il pourrait la reprendre plus tard, lorsque des circonstances favorables se présenteraient. Oui, c'était bien cela : plus tard... plus tard.

En attendant, il allait se rendre chez son ami Chao.

Munpa héla deux *rikshaws,* empila ses bagages dans

l'un d'eux, s'installa dans l'autre et donna l'adresse du caravansérail aux hommes qui les traînaient.

Le hasard voulut que Chao se trouvât dans la cour lorsque Munpa y pénétra. Apercevant les deux véhicules et un homme proprement vêtu — Munpa portait une de ses robes neuves — assis dans l'un d'eux, l'aubergiste s'avança pour recevoir le voyageur.

Il éprouva une seconde d'hésitation avant de se convaincre que ce voyageur était bien le *Sifan* qu'il avait employé à étriller les mules de ses clients. Peu de temps s'était écoulé depuis qu'ils s'étaient quittés; pourtant la physionomie du *dokpa* présentait une expression toute différente.

— Bonjour, ami Chao! cria Munpa avant même d'avoir mis pied à terre. Veux-tu me loger?

— Cela ne se demande pas, répondit l'aubergiste avec cordialité. Amène tes bagages par ici, et il ouvrit la porte d'une chambre pourvue d'un *khang*: une chambre pour voyageur. Auparavant, Munpa couchait au grenier, dans le foin, ou dans une écurie...

Assis en face l'un de l'autre pour le repas du soir, Munpa et Chao causaient.

— D'où viens-tu? demandait ce dernier.

— De la Porte de Chine, répondit Munpa, pensant que cette indication vague d'un lieu dont il ne connaissait pas la situation exacte suffirait. Il était bien décidé à ne pas faire un rapport complet de ses aventures au pays du sable; Nénuphar rose, le *nâga* rapportant la turquoise et Wangle-sage devaient être passés sous silence. Rien de cela ne regardait Chao.

— Tu n'as pas de nouvelles du voleur du collier?

Tandis qu'il élaborait d'autres fables, Munpa avait presque oublié celle qu'il avait inventée à son arrivée au Kansu au sujet d'un collier d'ambre volé à une veuve.

— Non, répondit-il, pas de nouvelles.

— Inutile de t'obstiner, le coquin doit être loin, terré quelque part; il aura vendu le collier.

— C'est probable, acquiesça Munpa.

— Et alors, qu'as-tu fait?

— Commerce, répondit Munpa affectant une fausse

modestie destinée à donner une impression d'importance.

— Tu es devenu riche?
— Oh! riche! protesta Munpa en riant. J'ai amassé une petite, toute petite somme seulement. Je n'étais pas en mesure de trafiquer pour mon compte, j'ai travaillé pour un marchand.
— Que vendais-tu?

Munpa éleva un de ses pieds chaussés de belles bottes neuves.

— Des bottes, dit-il.
— Oh! s'exclama Chao, de belles bottes du Sinkiang à la mode russe! Ce sont les Hoieu-hoieu de là-bas qui les fabriquent. Ton patron était-il un Hoieu-hoieu?...
— Oui, répondit Munpa.
— As-tu rapporté des bottes pour les vendre ici?
— Non, mon patron a vendu toutes celles qu'il avait apportées. Il est rentré chez lui avec d'autres marchandises. J'ai seulement un tout petit cadeau pour vous.

Munpa alla prendre sur un banc un paquet qu'il y avait déposé en entrant et le posa devant son hôte.

— Qu'est-ce que cela; voyons? dit celui-ci.

Le cadeau consistait en quatre de ces pains de mélasse comprimée dont la forme ressemble à celle d'une savonnette et en un sac contenant des raisins secs, tous produits du Sinkiang.

— Ah! voilà qui montre d'où tu viens, dit l'aubergiste. Je te remercie. C'est gentil à toi de ne pas m'avoir oublié. Pourquoi n'es-tu pas resté par là puisque tu y faisais bien tes affaires?
— Je n'aime pas ce pays, déclara Munpa. Trop de sable, pas de verdure et l'eau est mauvaise, très mauvaise. J'ai été malade.
— Je comprends. Tu vas retourner au Chinghai.

Le moment était venu pour Munpa de manifester les sentiments qu'il avait découverts en lui.

— Je n'en ai pas l'intention, déclara-t-il, du moins, pas maintenant. Si vous le voulez bien, je demeurerai ici. Je vous paierai pension, ajouta-t-il.
— J'ai du plaisir à constater que tu n'es pas revenu les mains vides, répondit l'aubergiste, mais ne parle pas de paiement, c'est une plaisanterie. Tu auras ta chambre et tu

mangeras avec moi. D'ici quelque temps nous examinerons ce que tu pourras faire, si tu veux t'établir ici. En attendant, tu me rendras des services, tu rangeras dans le dépôt les marchandises qui m'arrivent, tu t'occuperas de celles qu'il faudra expédier et, quand il y aura affluence, tu donneras un coup de main au domestique pour soigner les bêtes des caravaniers. Tu recevras un petit salaire. Cela ira ainsi jusqu'à ce que tu trouves mieux à faire.

En effet, cela « alla ainsi » à la mutuelle satisfaction de Munpa et de son hôte. Du temps s'écoula. Chao reçut un lot de bols et d'assiettes en faïence. Munpa se proposa pour les vendre aux boutiquiers des villages voisins. Il partit avec un domestique et trois mules chargées. Sa tournée dura deux mois et fut suffisamment fructueuse.

Par la suite, ce furent des chapeaux, des bottes, des peaux d'agneau, de renard et de lynx, du riz et d'autres articles encore, qu'il vendit en divers endroits.

Ces voyages effectués dans des conditions suffisantes de confort plaisaient à Munpa et l'atmosphère de trafic dans laquelle baignait le caravansérail de Chao lui était particulièrement agréable. Il s'y épanouissait, développait cette intelligence du négoce, latente en tous les Tibétains. Maintenant, il discutait avec les caravaniers, clients de Chao, se faisait décrire les choses de leur pays qui avaient rapport au commerce. Il leur parlait d'égal à égal et se dispensait aussi avec l'aubergiste des tournures de phrases polies que l'étiquette chinoise, comme celle du Tibet, exige lorsque l'on s'adresse à quelqu'un d'un rang social plus ou moins supérieur. Chao s'était pris d'amitié pour lui. Il suivait avec un intérêt amusé le dégrossissement du sauvageon des solitudes et son « chinoisement ». A part ses traits, qui dénotaient son origine, Munpa ressemblait tout à fait à un Chinois aisé, toujours correctement vêtu, chaussé et coiffé. Être si bien nippé lui donnait de l'assurance. L'épisode fâcheux de la bâtonnade subie au Yamen était si profondément enfoui dans sa mémoire qu'il aurait dû faire un effort pour se le rappeler et, parmi ceux qu'il fréquentait, nul n'en avait jamais eu connaissance et nul ne l'apprendrait jamais. Qu'un gueux soit bâtonné est un fait banal, presque quotidien, dans une grande cité; il ne laisse aucune trace. La Chine bienheureuse où Munpa vivait ne connaissait ni le casier judiciaire, ni les actes d'état civil.

Le temps passait toujours. Combien de temps? Munpa n'en tenait point compte. Il se rappelait seulement que depuis son retour au caravansérail, il y avait célébré plusieurs fois, avec Chao, la fête du Nouvel An. Combien de fois? Trois fois, quatre fois? Peu importait. La vie coulait doucement. Chao se montrait un véritable ami, il laissait à Munpa une généreuse part des bénéfices que rapportaient ses tournées commerciales, et Munpa économisait. Il possédait en propre une bonne mule. Arrivée de la Mongolie trop fatiguée pour y être ramenée par ses maîtres à leur voyage de retour, Munpa l'avait acquise à bas prix et, bien reposée, la bête valait plus du double de ce qu'il l'avait payée. Munpa possédait aussi deux robes de soie, dont une doublée de fourrure.

A Chao, qui manifestait de l'étonnement devant la répugnance qu'il témoignait à inclure le Chinghai dans ses tournées commerciales, Munpa avait expliqué qu'étant membre d'un monastère dans son pays, il ne lui était pas permis de vivre loin de celui-ci et qu'il importait pour lui de demeurer à distance de ses supérieurs.

C'était une explication à peu près plausible. Chao eut l'air de l'accepter, bien qu'en lui-même elle lui laissât des doutes. Du reste, il n'avait cure des affaires personnelles de Munpa. L'homme lui était utile comme employé et il envisageait d'en faire son associé.

Chao n'avait pas de fils. Son unique enfant, une fille, était mariée à un scribe du Yamen. Cette alliance flattait la vanité de l'aubergiste, mais elle ne présentait aucun intérêt du point de vue pécuniaire. Un tel gendre ne pouvait devenir son successeur, et sa fille se donnait des airs de *tai tai* [1]. Alors... Munpa... c'était à voir...

Munpa ignorait les pensées que son hôte nourrissait à son sujet. Il se laissait aller à être heureux, prenant un intérêt croissant aux choses du commerce.

Les événements qui l'avaient amené à Landou s'étaient de plus en plus estompés dans sa mémoire et, chose étrange, s'il leur arrivait, très rarement, de se rappeler à lui, ils suscitaient un sentiment qui ressemblait à de

---

[1]. Dame chinoise de la bonne société.

l'animosité, à de la rancune. Sans qu'il s'en rendît nettement compte, il en voulait à la turquoise talisman; confusément il en voulait même à Gyalwai Odzér. A cause d'eux sa vie avait été singulièrement troublée, jetée hors des chemins qui auraient dû être les siens. Tous deux avaient déçu la foi passionnée qu'il mettait en eux. Il avait espéré d'eux une direction, un signe, un miracle... rien n'était venu. Il n'attendait plus rien, et se serait-il même soucié encore du miracle, s'il était survenu? Son existence s'était modifiée, tellement modifiée que ses pensées se tournaient vers d'autres objets.

C'est alors que le « miracle » attendu en vain se manifesta, mais dans un sens auquel Munpa n'avait jamais rêvé.

Au cours d'une de ses tournées à travers le pays, Munpa rencontra dans une auberge un M. Téng, négociant en laine, fourrures, musc et autres articles, établi à Landou, qui se rendait en visite dans sa famille. Le soir, avant de s'étendre sur le *khang* pour dormir, les deux hommes causèrent en buvant quelques verres d'eau-de-vie. Ils conçurent une certaine sympathie l'un pour l'autre et Téng invita Munpa à aller le voir quand il rentrerait à Landou.

Munpa s'était souvenu de cette invitation, et se trouvait, cet après-midi, attablé avec Téng, l'inévitable bouteille de forte eau-de-vie entre eux.

— Vraiment, disait Téng à Munpa, vous êtes Tibétain? Je vous avais pris pour un Mongol. Vous parliez le mongol avec votre domestique quand nous nous sommes rencontrés.

— Oh! répondit Munpa, je baragouine un peu de mongol. Il vient beaucoup de voyageurs de la Mongolie chez M. Chao, avec qui j'habite. Alors, j'ai appris quelques mots en les entendant parler. Mon domestique que vous avez vu est un Mongol.

— Tibétain! de quelle partie du Tibet êtes-vous?...

Munpa se serait volontiers donné l'air d'être né dans une des grandes villes du centre : à défaut de Lhassa, Jigatzé ou Gyantzé, même Giamda, mais, très rapidement, il songea que Chao et d'autres à Landou connaissaient son origine rustique. Mieux valait l'avouer.

— Je suis du Chinghai, confessa-t-il.
— Du Chinghai! s'exclama Téng. Quelle coïncidence! Ma femme aussi est du Chinghai. Elle sera heureuse de voir un compatriote, je vais l'appeler.

Il se leva, alla jusqu'à la cour et héla dans la direction de la galerie-balcon qui courait tout le long de l'étage :

— Tcham! Tcham!

Téng devait être un mari affectueux : il donnait à sa femme tibétaine le nom par lequel on désigne, au Tibet, les épouses appartenant à la bonne société. Il revint s'asseoir et, quelques instants après, une femme assez corpulente, visiblement enceinte, entra dans la chambre.

— Vois, lui dit Téng, ce *tsong pa*[1] est de ton pays du Chinghai.

— Pas possible! s'exclama la femme en regardant Munpa avec un plaisir évident. De quel endroit du Tso-Nieunpo êtes-vous?

— D'Aric, avoua Munpa.

— Moi, je suis de Thébgyai.

La bonne femme rayonnait.

— Nous sommes tous deux des *dokpas*, ajouta-t-elle.

— Vous n'en avez l'air ni l'un ni l'autre, plaisanta son mari, désignant d'un geste le costume chinois de Munpa et celui de sa femme, coquettement vêtue à la dernière mode de Lhassa. « J'ai à faire en ville », dit-il ensuite, en s'adressant à Munpa, mais il ne faut pas vous en aller pour cela. Restez. Vous bavarderez avec ma femme dans votre patois de sauvages, cela lui fera plaisir. Et il faut qu'elle soit contente, toujours contente, n'est-ce pas?

Assez indiscrètement, son coup d'œil désignait la situation intéressante de son épouse.

— Tcham, tu diras au cuisinier de préparer un bon dîner pour trois. Il faut fêter ta rencontre avec ton compatriote. Je ne tarderai pas.

Téng sortit.

Les Tibétaines qui épousent des Chinois sont nombreuses en pays de frontière. Plus rares — si même il en existe — sont les pasteurs des tentes noires qui se métamorphosent en négociants cossus ainsi que Munpa paraissait l'être.

Mme Téng posa la première question :

---

1. *Tsong pa :* commerçant.

— Depuis combien de temps faites-vous du commerce à Landou?

— Depuis plusieurs années, répondit Munpa, sans préciser.

— Où demeurez-vous?

— Au caravansérail de Chao; je suis son associé. Votre mari connaît la maison. Et vous, y a-t-il longtemps que vous êtes mariée ici?

— Bientôt quatre ans. J'ai un fils, il a trois ans [1], annonça-t-elle fièrement.

— Vous en aurez bientôt un autre. Mes compliments, dit poliment Munpa. Vous plaisez-vous en Chine?

— Oh! oui. Vivre dans une grande ville comme Landou, où il y a toujours de nouvelles choses à voir, c'est autrement agréable que d'habiter sous une tente et de ne voir que des yaks et des moutons. Et puis, M. Téng est si bon, si bon, déclara-t-elle d'un ton de fervente gratitude. Il est riche, aussi. Il me donne tout ce que je désire. Je ne travaille pas, j'ai une servante et il y a deux domestiques dans la maison en plus de ceux que M. Téng occupe pour son commerce : un grand commerce. M. Téng est un grand *tsong pa*.

Les yeux de Mme Téng brillaient, elle exultait. Sa situation d'épouse de M. Téng lui semblait, évidemment, valoir celle des Bienheureux hôtes du Paradis de la « Grande Joie ».

— Splendide! splendide! acquiesça Munpa. Mais comment avez-vous rencontré M. Téng?

— Terrible! terrible! répondit Mme Téng. Il est arrivé des choses terribles. Le Tso Nieunpo est un pays terrible, plein de démons. Je suis heureuse de l'avoir quitté.

Munpa n'aimait pas le tour que prenait la conversation. Il en avait assez, des démons, il ne tenait pas à reprendre, même indirectement, contact avec eux!

Mais l'ex-pastourelle des solitudes hantées était heureuse de parler le patois de son pays natal et de s'entretenir, avec un compatriote capable de la comprendre, d'événements d'une nature incompréhensible aux Chinois, même à son très excellent mari. Ses souvenirs s'agitaient dans son esprit, des mots lui montaient aux lèvres, elle ne pouvait les retenir. Elle devait parler. Elle parla.

1. C'est-à-dire que l'enfant a deux ans, mais trois d'après la mode chinoise qui donne à l'enfant un an à sa naissance.

La description de sa vie de fillette, dans la tente familiale, n'intéressait pas Munpa. Il connaissait cette vie des *dokpas* du Tso-Nieunpo, il l'avait vécue lui-même. Les circonstances du mariage d'une fille de moins de quinze ans avec un barbon n'avaient rien non plus, d'anormal. Munpa écoutait distraitement.

— J'étais la seconde femme de Kalzang, racontait Mme Téng. Sa première femme me battait... Oh! comme elle me battait!... Elle s'appelait Tséringma. Moi, je m'appelle Pasangma.

Ces noms ne disaient rien à Munpa. Ils sont communs au Tibet.

— Le vieux Kalzang ne me défendait pas, continuait Mme Téng plongée dans ses souvenirs. Il n'avait pas eu d'enfant de Tséringma, il voulait que je lui donne un fils et il enrageait parce que ce fils ne venait pas. Jamais je n'aurais pu en avoir un de lui.

Elle fit une pause.

— Tandis qu'avec M. Téng j'en ai eu un presque tout de suite, et l'enfant qui vient sera certainement un autre fils.

Mme Téng exultait avec une impudeur naïve.

— Alors... alors, continua-t-elle, Lobzang m'a vue, un soir... J'allais ramener les moutons vers les enclos près du campement. Et... et c'est arrivé.

Munpa avait dressé l'oreille au nom de Lobzang, qui le reportait à ses propres souvenirs. Mais il y a des centaines de Lobzang au Tibet. Il se contenta de hocher la tête d'un air entendu. Il comprenait parfaitement *ce qui était arrivé*. Cela arrive fréquemment.

— Il est revenu un autre soir, puis un autre soir encore, et il m'a demandé de m'enfuir avec lui. Bien sûr, je le voulais... Le vieux Kalzang me dégoûtait, Tséringma me battait... Lobzang disait qu'il serait riche... Il était beau aussi.

— Comment était-il? demanda Munpa.

Mme Téng esquissa un portrait approximatif de son amoureux. Grand, mais la plupart des *dokpas* du Chinghai sont grands. Large d'épaules, très vigoureux : traits communs, aussi, à tous les *dokpas*. Et tous les *dokpas* ont les yeux et les cheveux noirs. Le Lobzang que son ex-maîtresse décrivait n'avait rien qui le distinguât particulièrement des autres hommes de son pays.

— Il fallait que nous nous en allions loin, n'est-ce pas, et très vite. Kalzang ne devait pas pouvoir nous retrouver. Nous avons galopé pendant toute la nuit. Je montais en croupe... Le cheval de Lobzang était solide... une bien bonne bête... Oh! la pauvre bête!

— Pourquoi la pauvre bête? Votre amoureux l'a crevée en la fatiguant trop?

— Non, ce n'est pas cela. Vous allez voir... Le lendemain et les jours suivants nous avons continué à voyager pendant la nuit. Nous nous cachions dès qu'il faisait jour. Lobzang traversait le pays en évitant les pistes afin, disait-il, de ne rencontrer personne. Une semaine, peut-être, se passa ainsi. Je disais que nous étions loin des tentes de Kalzang, qu'il n'était plus nécessaire de nous cacher si soigneusement. On n'avait certainement pas découvert nos traces. Et puis, Kalzang avait probablement été me chercher au campement de ma famille parce qu'un jour, ayant été battue, j'avais crié que j'y retournerais. Mais Lobzang ne m'écoutait point et continuait à se diriger à sa guise à travers les régions désertes. Où allions-nous? Quand je le lui demandais, il se fâchait. Il devenait bizarre... *kouchog*[1], des démons nous suivaient. Il y a des démons chez nous. Des démons dans les lacs, des démons qui errent dans les pâturages, qui se cachent dans le creux des rocs, vous savez cela, *kouchog,* puisque vous êtes du pays.

Munpa savait. Il fit « oui » d'un mouvement de tête. Cette conversation lui déplaisait. Il l'eût volontiers interrompue, mais Mme Téng était lancée.

— Moi, je ne voyais pas ces démons, mais Lobzang les voyait et les entendait. Il s'arrêtait soudain, regardait dans le vide, les yeux élargis, il tendait l'oreille pour écouter, ou bien demeurait assis pendant longtemps, se cachant la tête dans ses mains ou dans sa robe comme pour s'empêcher de voir et d'entendre. Parfois il me réveillait tandis que je dormais et me demandait : « Entends-tu rire, là, derrière nous? » Ou il disait : « On marche ici, tout près... on vient vers nous. Ou encore : « Entends-tu parler?... Voici qu'on hurle... » Cela devenait intolérable. Il lui prenait, sans

---

1. *Kouchog* (sku shog) : équivalent de *monsieur* avec une nuance de déférence, comme *sir* en anglais.

cause, des accès de rage, il me brutalisait. Et toujours, nous continuions à marcher hors des routes, sans avoir de but, semblait-il. Pourtant un jour, Lobzang me dit que nous allions au Pal Yul [1]. En connaissait-il le chemin? Il passait loin des campements et des hameaux que nous apercevions, je ne pouvais pas savoir si nous marchions dans la bonne direction. A notre départ, Lobzang avait emporté beaucoup de provisions; elles étaient épuisées. Il m'avait envoyée à des fermes que nous avions vues de loin pour y vendre mes bagues et acheter de la *tsampa*. Il ne voulait pas vendre son cheval. Cela, bien sûr, il ne le pouvait pas, nous avions besoin de la bête pour voyager. Lui marchait, mais moi j'étais fatiguée; je n'aurais jamais pu aller à pied pendant si longtemps chaque jour ni marcher aussi vite que Lobzang. Pourtant, manger était encore plus nécessaire que le cheval. Lobzang portait sur lui un reliquaire. Il était attaché à son cou par une cordelette et il le tenait toujours soigneusement caché sous sa robe. Tous les Tibétains emportent un reliquaire en voyage pour se préserver des accidents et des brigands, mais ce qui les protège, c'est non pas la boîte-reliquaire, mais ce qu'elle contient, un *kundag* [2] ou une *dzung* [3], un charme magique ou un morceau de vêtement d'un saint *lama*. N'est-ce pas ainsi, *kouchog?*...

Encore une fois, Munpa acquiesça par un signe de tête.

— Il ne nous restait ni thé, ni beurre, ni *tsampa,* rien, rien, *kouchog*. Il y avait trois jours que nous n'avions mangé. J'avais déjà plusieurs fois conseillé à Lobzang de vendre son reliquaire. Même s'il n'était pas en argent, il obtiendrait tout de même de la *tsampa* en échange, et s'il était en argent nous pourrions l'échanger contre une bonne quantité de provisions. J'avais dit à Lobzang qu'il pouvait retirer de la boîte l'objet protecteur. Vendre la boîte n'est point pécher. Puisqu'il serait riche, là où nous allions, il achèterait un nouveau reliquaire pour y mettre le *kundag* ou la *dzung*. Dans quelle fureur il était entré lorsque je lui avais parlé ainsi! J'avais fini par avoir peur de lui; je ne

---

1. *Pal yul* (Bal yul) : «le pays de la laine ». Le Népal.
2. Statuette petite ou grande représentant une déité ou un saint *lama* défunt.
3. Formule magique protectrice, écrite sur une feuille de papier.

l'aimais plus... Je l'aurais volontiers quitté, mais où aller, seule, dans les Tchang thangs?... Pourtant, ce soir-là, la faim devait trop le torturer. Je le vis enlever le reliquaire de sous sa robe. Il était cousu dans un morceau de nambou et puisqu'on l'avait si bien enveloppé je pensai qu'il était sûrement en argent. Nous allions pouvoir manger dès que nous atteindrions un campement ou un groupe de maisons où nous le vendrions. Il faisait obscur, mais le feu de *djoua* éclairait suffisamment; Lobzang décousit l'enveloppe de nambou et en sortit le reliquaire. Il tremblait de tous ses membres. Pourquoi? Il ne faisait rien de mal. Il ouvrit le reliquaire et en retira un petit paquet enveloppé dans un ruban de soie. Le *kundag,* ou l'objet précieux, devait être, comme d'habitude, enroulé dans ce morceau de soie. J'étais curieuse de voir ce que ce serait mais j'étais surtout soulagée en pensant que Lobzang s'était décidé à vendre le reliquaire et que je mangerais. Lobzang déroula un long ruban, déroula pendant longtemps. Il ne trouva rien dans les plis du ruban, il secoua le reliquaire, passa son doigt à l'intérieur pour s'assurer qu'il ne contenait rien. Il était vraiment vide. Alors, Lobzang se leva et, en poussant un horrible cri, il lança le reliquaire à terre. Ce soir-là, à cause des loups qu'il disait avoir entendus hurler, il avait attaché le cheval près de nous. En entendant ce terrible cri, le cheval s'effraya, rompit la corde qui le retenait et s'enfuit dans la nuit. Lobzang proféra un juron et s'élança à sa poursuite. J'étais terrifiée, je n'osais pas suivre Lobzang. Il rattraperait peut-être le cheval pendant la nuit; sinon nous le chercherions chacun de notre côté dès que le jour luirait. Je ramassai le reliquaire. Lobzang devait être fou pour avoir risqué de le briser. Je le mis dans mon *ambag.* Lobzang ne ramena pas le cheval pendant la nuit...

Mme Téng se tut.

Munpa avait compris. Le récit était clair. Ce nom de Lobzang : celui du voleur-assassin. La terreur à laquelle l'homme était en proie durant une fuite désordonnée, poursuivi, croyait-il par des démons. Ce reliquaire qu'il ne voulait pas vendre et qu'il avait trouvé vide... VIDE... Était-ce possible! Le voleur croyait certainement trouver quelque chose. C'était ce *quelque chose :* la turquoise, dont la vente le rendrait riche à l'endroit vers lequel il se dirigeait... Il serait riche, avait-il dit à sa maîtresse... Et cette fureur en trouvant le reliquaire vide... vide... vide, se répétait Munpa.

Il ne pouvait avoir aucun doute, l'histoire que Mme Téng venait de lui raconter s'adaptait exactement à Lobzang. Où se trouvait-il maintenant? Son ex-amie le savait peut-être.

S'efforçant de dissimuler son émotion, il l'interrogea.

— Et après, quand le jour vint?

— J'examinai le reliquaire. Il était en argent, très joli, orné de petits lotus en or. Il y avait une perle dans chaque lotus.

L'évidence devenait écrasante. Autrefois, dans l'ermitage de Gyalwai Odzér, Munpa avait eu le reliquaire en main, étant chargé de le recoudre dans une étoffe neuve. Mais quoi? Vide? Et la turquoise surnaturelle?...

— Alors?... demanda-t-il encore.

— J'ai retrouvé Lobzang dans la matinée. Une bande de loups avait attaqué le cheval. Lobzang aura voulu défendre sa bête et les loups se seront jetés sur lui. Son corps et celui du cheval, tous deux à moitié dévorés, gisaient l'un près de l'autre.

Munpa s'accrochait de ses deux mains à la table pour essayer de cacher qu'il chancelait.

— Et vous? dit-il, comprenant qu'il devait pourtant faire semblant de s'intéresser à la fin de l'histoire.

— Je ne sais pas ce que j'ai fait. Des *dokpas* m'ont dit qu'ils m'avaient ramassée étendue par terre, comme morte. Ce devait être assez loin de l'endroit où Lobzang avait été tué. Ils n'avaient pas vu le corps. Ils ne m'en ont jamais parlé. Ils m'ont emmenée sur une mule jusque chez eux. Je suis demeurée comme folle pendant longtemps. Ils m'ont soignée... Ils avaient pris le reliquaire... pour se payer. Et puis, quand j'ai été bien portante, ils m'ont fait travailler... comme chez Kalzang et, là aussi, un vieux me voulait... M. Téng est passé avec ses commis et des mules; il faisait une tournée pour acheter de la laine. Tandis que ses hommes parcouraient les campements voisins, M. Téng est resté, dans une belle tente. Mes patrons m'envoyaient lui porter du lait et du beurre. Il m'a demandé si les gens avec qui je vivais étaient mes parents. Je lui ai dit que non et... c'est arrivé... Quand il a été prêt à partir, il m'a dit que, si je voulais, il m'emmènerait en Chine pour être sa femme, parce qu'il était veuf. J'ai accepté. Et voilà le commencement de mon bonheur.

Munpa trouva encore la force de féliciter Mme Téng de l'heureuse issue de ses aventures. Son esprit était ailleurs. Cependant, son hôtesse lui réservait encore un autre choc.

— Vous n'avez pas l'air bien, *kouchog,* remarqua-t-elle avec sollicitude. Est-ce cette histoire de démons qui vous a troublé? Moi, j'ai toujours cru que ces loups qui ont dévoré Lobzang n'étaient pas de vraies bêtes. C'étaient des démons qui avaient pris la forme de loup. Oh! oui, j'en suis sûre, c'étaient des démons... Je suis si heureuse d'être en Chine.

Elle se tut encore pendant quelques instants. Munpa demeurait atterré.

Puis, comme si elle eût à cœur de corriger le jugement défavorable qu'elle avait porté sur son pays, elle reprit :

— Mais au Tso-Nieunpo, il y a aussi de grands *doubtobs* [1], *kouchog;* vous avez sans doute entendu parler de Gyalwai Odzér? Tout le monde connaît son nom au Chinghai.

— Oui, fit Munpa se sentant pris de vertige.

Qu'allait-il apprendre encore?

— L'avez-vous vu?

— Non, répondit Munpa sans avoir conscience de ce qu'il disait.

— Moi non plus, je ne l'ai jamais vu. Mais il est arrivé des choses extraordinaires à son ermitage. Des *dokpas* l'ont raconté à Sining et des gens de Sining me l'ont rapporté. On ne parle que de cela au Chinghai.

— Je n'ai rien appris, déclara Munpa afin que son silence ne paraisse point bizarre. J'ai été faire du commerce chez les Hoieu-Hoieu.

— C'est cela. Alors, je vais vous dire : Gyalwai Odzér s'enfermait souvent pendant longtemps en *tsams* [2]. De sorte qu'on ne cherchait pas à le voir de crainte de le déranger. Pourtant, quelques-uns de ses disciples sont allés à l'ermitage pour s'enquérir de lui auprès d'un des leurs

---

1. Des saints magiciens.
2. Périodes de reclusion consacrée à la méditation ou à des pratiques magiques.

qui demeurait à ses côtés pour le servir. Ils n'ont pas trouvé leur ami; ils sont entrés dans l'ermitage et là, sur le siège de méditation du *gömpchén,* ils ont vu sa robe et son *zen* tout droits, comme s'ils habillaient le *gömpchén*. Mais il n'y avait pas de corps dans les vêtements. Devant le siège de méditation il y avait un autel et il y avait deux lampes *qui brûlaient*. Et par terre, au pied du siège du *doubtob,* il y avait une robe, la robe de son disciple-serviteur. Elle était étalée de tout son long, les manches allongées comme s'il y avait dedans le corps d'un homme prosterné. Mais il n'y avait pas de corps, la robe était vide comme les vêtements du *gömpchén*. Avez-vous jamais entendu parler d'un tel miracle, *kouchog?*

— C'est arrivé à Marpa et à Réchungpa, dit Munpa, la tradition de ce prodige lui revenait inconsciemment à la mémoire.

Il était à la limite de ce qu'il pouvait supporter.

— *Tcham kouchog,* dit-il à Mme Téng, je suis malade, il faut que je rentre chez moi... Ce doit être une attaque de fièvre... J'ai pris la fièvre chez les Hoieu-Hoieu. Ne faites pas préparer de dîner pour moi et dites à votre mari que je regrette beaucoup de ne pas pouvoir rester avec lui.

— C'est vrai, vous êtes tout pâle. Je vais faire appeler un *rikshaw*.

Elle frappa dans ses mains et donna un ordre au domestique qui répondit à son appel. Mais à ce moment le *rikshaw* particulier de Téng s'arrêta devant la porte. Téng rentrant trouva Munpa debout, prêt à sortir.

— Qu'est-ce que c'est? s'exclama-t-il. Il était convenu que vous resteriez dîner.

— Je regrette, je regrette, bredouilla Munpa.

— *Kouchog* est malade, dit Mme Téng d'un ton d'amicale compassion. Il a pris des fièvres au pays des Hoieu-Hoieu.

— C'est vrai. Vous avez très mauvaise mine, remarqua Téng. Il faut vous coucher et appeler un médecin. Ces fièvres du Sinkiang sont dangereuses.

— Je rentre, dit Munpa.

Le *rikshaw* arrivait.

— Je ne vous laisse pas seul, déclara Téng. Vous paraissez trop malade. Je vous accompagne.

— C'est cela, c'est cela, approuva Mme Téng. M. Téng

vous accompagnera. Soignez-vous bien et revenez nous voir quand vous serez rétabli.

Munpa chancelait. On le hissa dans un *rikshaw* et Téng remonta dans le sien, qui était demeuré à l'entrée de la maison.

— *Chenzé* [1] Chao! *Chenzé* Chao! cria Téng avant même que les *rikshaws* soient entrés dans la cour du caravansérail.

Son appel avait un tel accent d'anxiété que Chao se précipita hors de sa cuisine. Il arriva près de Téng comme celui-ci aidait Munpa à descendre de son véhicule et juste à temps pour le saisir tandis qu'il tombait, évanoui.

Les deux hommes, aidés par les domestiques de Chao, emportèrent le Tibétain inconscient dans sa chambre.

Il demeura inerte jusqu'à la nuit. Le charitable Chao et un de ses serviteurs se relayèrent ensuite, pour le veiller. Il était en proie à une violente fièvre et ne paraissait pas les reconnaître. Il délirait, répétant le mot *vide*, associé à des objets divers, en des phrases incohérentes :

— Vide... vide..., marmottait-il. Reliquaire vide... Robes vides... Disparu... Rien... Vide... Le mur... Entré dans le mur...

Il s'agitait, sa face était rouge, ses yeux hagards. Chao prit peur. Il fallait appeler un médecin. Lequel?... L'aubergiste nourrissant quelques idées « progressistes », la pensée lui vint de s'adresser à un des médecins de l'hôpital des Missionnaires américains qui existait à Landou.

Il se rendit à l'hôpital, expliqua que le malade ne paraissait pas pouvoir être transporté hors de chez lui et pria le médecin de venir le voir. Il ajouta que son ami et lui étaient en mesure de payer la visite et tous les soins qui seraient donnés par la suite.

Pouvoir payer est la plus efficace des recommandations auprès de n'importe qui et où que ce soit. Un des médecins étrangers vint voir Munpa. Il le trouva mal, en danger de mort, diagnostiqua une fièvre cérébrale, terme que Chao ne comprit pas, et déclara qu'il fallait transporter le malade à l'hôpital où il serait continuellement surveillé; le transport pouvait être effectué par le personnel de l'hôpi-

---

1. Monsieur.

tal. Puisque Chao assurait que le marchand paierait les frais de son traitement, on lui donnerait une chambre particulière et son ami serait autorisé à l'y voir.

Chao remercia, insista pour verser déjà une somme en avance, et Munpa fut emmené avec précautions sur une civière couverte, que suivait une infirmière.

Munpa fut bien soigné et sa robuste constitution contribua puissamment à rendre efficaces les prescriptions des médecins. Six semaines s'écoulèrent pourtant, avant qu'il regagnât une suffisante lucidité d'esprit pour faire le point de ce qui lui était arrivé, et assez de force pour se promener dans le jardin de l'hôpital.

Assis sur un banc sous les arbres, entouré par quelques massifs de fleurs, Munpa avait l'impression de venir de naître et le Munpa d'avant sa maladie lui paraissait être un personnage de rêve, ou un individu qui eût été lui au cours d'une de ses existences précédentes mais qui, certainement, n'était pas le négociant chinois assis au soleil à l'hôpital de Landou.

Cet autre Munpa : Munpa Dés-song, était mort ou, plutôt, son corps s'était volatilisé... Le fait était patent. Des gens avaient *vu*, avaient *touché* sa robe vide étendue devant le siège de Gyalwai Odzér comme si un corps, dans l'attitude de la prosternation, le remplissait encore. Un prodige du *gömpchén*. Munpa l'admettait. Il se rappelait avoir redressé son corps, avoir ajusté ses vêtements, avoir disposé les offrandes sur la petite table et allumé ces lampes... ces lampes qui brûlaient encore plusieurs années plus tard... Oui, il admettait le prodige, tous les prodiges imaginables au sujet d'Odzér. Après qu'il avait eu disposé son corps sur le siège de méditation, après son départ de l'ermitage, le miracle pouvait s'être produit. Le *gömpchén*, qui avait seulement manifesté les signes extérieurs de la mort et qui n'était pas véritablement mort, pouvait avoir opéré la dissociation des éléments de son corps... comme Marpa et comme d'autres *doubtobs*. Mais lui, Munpa ?... Il se souvenait de s'être prosterné devant son Maître avant de quitter l'ermitage, mais il s'était relevé, il en était certain, il était parti... Il avait voyagé, en Chine, chez les Hoieu-Hoieu au pays du sable, il avait été l'amant de Nénuphar rose, l'hôte de M. Wang qui ressemblait à un Bouddha, et il avait Chao pour ami, Chao qui était venu la veille causer avec lui et il était, lui, Munpa, un marchand assis sur un banc dans le jardin de l'hôpital des *Mékuo*[1]. Alors?... alors?... Que penser de cette robe vide qui paraissait avoir été la sienne?...

Et le reliquaire vide?... La turquoise qui ne s'y trouvait pas? L'en avait-on retirée? Qui?... Pas Lobzang, le récit de sa maîtresse le prouvait. Odzér?... Non, il croyait à l'existence de la turquoise, à sa provenance surnaturelle. Le soin qu'il prenait du reliquaire, le respect qu'il lui témoignait le démontraient. Le reliquaire était-il vide quand il l'avait reçu de son *gourou* mourant et celui-ci, de même, l'avait-il reçu vide et ainsi de suite, depuis des générations?... La turquoise surnaturelle avait-elle jamais existé autrement que dans l'imagination des *lamas* contemplatifs et magiciens qui se la transmettaient... qui *croyaient* transmettre quelque chose, une puissance incorporée dans la turquoise, et qui ne transmettaient que du vide, de l'inexistant?...

Pourtant, ce vide, ce néant avait été efficient. Parmi les *dokpas,* des malades s'étaient rétablis après avoir été touchés par le reliquaire ou simplement pour l'avoir invoqué et, en période de sécheresse, la pluie était tombée quand le reliquaire avait été élevé vers le ciel.

A cause de cette inexistante turquoise, Lobzang était devenu un meurtrier, avait entendu les cris des démons vengeurs se précipitant à sa poursuite. A cause d'elle, il avait fui dans les solitudes, avait été déchiré par les loups.

A cause d'elle, lui, Munpa, avait quitté son pays à la recherche de Lobzang et de la turquoise surnaturelle qui n'existait pas. A cause d'elle, Munpa le *dokpa* s'était métamorphosé en un marchand chinois qui plus jamais ne conduirait des troupeaux de yaks dans les hauts alpages.

Tous, ils s'étaient agités autour du vide, mus par la puissance du néant!

L'image de la fresque, dans sa chambre au monastère de la « Suprême Sérénité », se dressa devant lui. Des fantoches, pensa-t-il. Ils n'avaient pas besoin de m'attirer à eux, je *suis* parmi eux; *tous et tout* sont parmi eux. « *Le monde*

---

1. *Mékuo :* nom donné aux Américains par les Chinois.

est une fresque peinte sur le vide. » Qui donc m'a dit cela? M. Wang, ou le *tao-che* de Sidou, ou le Supérieur du monastère de la « Suprême Sérénité »?... Je ne sais plus...

Munpa était fatigué, très fatigué. Une infirmière arrivait.

— Il faut rentrer, dit-elle. Le soleil est couché, vous pourriez prendre mal.

Doucement, Munpa obéit. Il souhaitait dormir.

Le lendemain matin il se sentit reposé et paisible.

— Vous avez une excellente mine, lui dit le médecin qui faisait sa visite. Vous pourrez sortir quand vous voudrez. Des distractions vous seront bienfaisantes. Voyez des amis, des amis gais, s'entend. Vous avez dû avoir un choc qui vous a mis dans le mauvais état dont nous vous avons tiré. Maintenant, si des événements vous ont contrarié ou peiné, n'y pensez plus, regardez en avant. Vous êtes jeune encore...

Vraiment, oui, Munpa se sentait redevenir très jeune.

Le lendemain, Chao vint le voir; le médecin devait lui avoir parlé car tout de suite il proposa à Munpa de rentrer au caravansérail. Munpa acquiesça aussitôt.

— Il ne te faut plus rien d'autre que te bien nourrir, lui affirma son ami. D'ici quelques semaines, tu seras aussi fort qu'auparavant. Le médecin me l'a assuré. Tu étais tout de même en très mauvais état. Ce voyage au Gobi ne t'a pas réussi, et il ne t'a pas fait découvrir ton voleur.

— Je l'ai trouvé, dit Munpa.
— Comment?... Tu m'as dit que non!...
— Je l'ai trouvé depuis.
— Ici?... Où est-il?
— Il est mort.
— Mort? Et le collier?
— Il est mort, répéta Munpa.
— Quoi! le collier est mort?
— Tout est mort. Rien n'existe que des fantoches qui se meuvent par la force de l'inexistant.

Chao pensa que son ami divaguait encore un peu. Le médecin lui avait conseillé de ne pas le contrarier et de le distraire, aussi ne lui demanda-t-il pas d'explications.

— Demain je viendrai te chercher et nous causerons chez moi, dit-il.
— Parfait! répondit Munpa.

Le lendemain il reprenait possession, au caravansérail, de sa petite chambre aux murs de torchis vierges de toute fresque inquiétante. De nouveau, des jours s'écoulèrent sans qu'aucun incident en rompît la monotonie. Munpa demeurait taciturne, poursuivant, semblait-il, en lui-même, un dialogue secret qui, pourtant ne l'absorbait pas entièrement, car il s'intéressait de plus en plus et avec de plus en plus d'avidité aux affaires. Il manifestait une intelligence, un sens pratique qui étonnaient Chao. Ce sauvage du Chinghai a certainement en lui l'étoffe d'un habile et astucieux commerçant, pensait-il tandis qu'il observait son hôte...

Chao, lui aussi, était devenu taciturne et passait de longs moments absorbé dans ses réflexions, mais celles-ci s'appliquaient à un tout autre sujet que celui qui hantait Munpa.

Chao avait été informé de la mort de son associé qui gérait son comptoir d'Ourga. Le défunt ne laissait que des enfants en bas âge et une veuve originaire du Kansou, qui allait y retourner pour habiter dans sa famille. A Ourga, le comptoir était provisoirement laissé aux mains du premier commis, un Mongol ayant l'expérience des affaires, mais que Chao hésitait à investir de son entière confiance en tant qu'associé. Il pensait à Munpa, dont le sens des affaires était évident et qui, en tant qu'associé participant aux bénéfices, se montrerait — Chao en avait la conviction — parfaitement honnête. Et puis, bien que Munpa fût Tibétain, il était du Chinghai, une province chinoise, donc plus Chinois qu'un Mongol. Cette considération enfantine avait du poids dans l'esprit de Chao, mais, surtout, il éprouvait une instinctive sympathie, une vive amitié même pour Munpa, et il s'était décidé. « J'offrirai le poste d'Ourga à Munpa », se disait-il. Il attendait seulement, pour formuler sa proposition, que son hôte ait eu le temps de reprendre toutes ses forces ébranlées par la maladie.

Les événements se précipitèrent de façon imprévue. Une caravane mongole arriva chez Chao. Les marchands auraient plusieurs chameaux disponibles pour leur voyage de retour et cherchaient des charges à transporter en plus de leurs propres marchandises. Chao vit là une occasion d'envoyer à son comptoir d'Ourga divers articles entreposés chez lui. Il vit aussi l'occasion d'y envoyer Munpa et, sans plus tarder, il lui proposa une association complète et la direction du comptoir d'Ourga.

Munpa n'eut pas un moment d'hésitation. Il accepta d'emblée et commença ses préparatifs de départ.

Il se sentait complètement rétabli et en pleine force. Cependant, Chao eût peut-être hésité à le laisser entreprendre seul un aussi long voyage, mais la présence de compagnons de route auprès de Munpa le rassurait.

— Tu partiras avec la caravane, avait-il dit à son ami en lui faisant la proposition. Tu emmèneras deux domestiques qui s'occuperont de tes bagages et des chameaux qui les transporteront. Pour toi, je te donnerai deux bonnes mules afin que tu puisses changer de monture. D'ailleurs, tes compagnons et toi, vous voyagerez lentement, à cause des chameaux.

Les Mongols demeurèrent pendant un mois à Landou et ce mois passa vite pour Munpa, excité par la perspective de son établissement comme commerçant, dans la capitale mongole.

Le jour du départ vint, la longue file des chameaux formée au-dehors de la ville s'ébranla. Les marchands, bien montés sur des bêtes robustes, la laissèrent s'éloigner avec les chameliers et s'attardèrent à faire leurs adieux à Chao. Munpa resta le dernier auprès de lui.

Si Chao s'était pris d'amitié pour lui, Munpa la lui rendait amplement. Il savait tout ce qu'il devait à l'aubergiste-commerçant qui l'avait accueilli alors qu'il arrivait, rustaud, du fond de son pays barbare, aiguillé par des idées chimériques vers un but inexistant.

— Merci pour tout, Chao, dit-il à son ami. Tu as été un père pour moi. Aie confiance, je soignerai tes intérêts, là-bas. Tu ne regretteras pas de m'y avoir envoyé.

Les deux hommes n'avaient plus rien à se dire. Munpa enfourcha sa mule, l'excita d'un bref coup de fouet et partit au grand trot pour rejoindre ses compagnons.

Un petit vent âpre soufflait, cinglant la face du cavalier avec de menus grains de sable jaune, le sable du Gobi vers lequel il se dirigeait. Mais Munpa ne craignait plus le pays du sable, ses mirages et les démons qui pouvaient en surgir. Munpa ne craignait plus rien. Il avait rejeté derrière lui, comme dans un gouffre, toutes les images de son passé, même la plus vénérée : celle de son Maître, qu'il avait laissé drapé dans sa toge monastique sur son siège de méditation et dont le corps s'était surnaturellement volatilisé. Mais ce Munpa, qui s'était imposé comme une mission sacrée de rendre la vie à Odzér en lui rapportant une turquoise qui n'avait jamais existé, ce Munpa ne s'était-il pas aussi volatilisé? N'avait-on pas retrouvé sa robe vide dans l'ermitage du *gömpchén*? Alors, lui, le Munpa en route pour Ourga ne pouvait être ce même Munpa, *trapa* dans une pauvre *gompa* du Chinghai, le Munpa à la recherche d'un fantôme de turquoise.

Des ombres, des fantoches, n'était-ce pas ainsi qu'il avait entendu décrire les êtres et les choses de ce monde? Sans doute ils avaient raison les sages qui parlaient de la sorte. Il ne prétendait ni égaler leur sagesse, ni les contredire.

Il n'était qu'une petite ombre falote, un fantoche costumé en trafiquant, mû par une puissance émanant d'un néant...d'une inexistante turquoise. Mais ce fantoche voulait vivre et vivre pleinement tout son rôle de trafiquant de rêve.

D'un geste résolu Munpa cingla l'air de sa cravache et s'en alla allégrement vers la Mongolie dessiner les images de son nouveau destin, sur le fond incolore du Grand Vide.

IMPRIMÉ EN FRANCE PAR BRODARD ET TAUPIN
58, rue Jean Bleuzen - Vanves.
Usine de La Flèche, le 15-04-1985.
6076-5 - N° d'Éditeur 1791, 3ᵉ trimestre 1981.

PRESSES POCKET - 8, rue Garancière - 75006 Paris
Tél. 634.12.80